Solomon Schechter Day Schools
Bible curriculum

מתו"ק – מֵיזָם תַּנַ"כִי קוֹנְסֶרְבָטִיבִי

CET
Learning
Environments

פָּרָשַׁת בְּשַׁלַּח

חוֹבֶרֶת לְמִידָה

MaToK: The Bible Curriculum Project of the Solomon Schechter Day Schools
A joint project of
The United Synagogue of Conservative Judaism and
The Jewish Theological Seminary of America
MaToK is made possible by a generous grant from the
Jim Joseph Foundation

Project Directors:
Dr. Robert Abramson, Director
Department of Education, United Synagogue of Conservative Judaism

Dr. Steven M. Brown, Director (1998-2008)
Melton Research Center for Jewish Education
The Jewish Theological Seminary of America

Dr. Barry Holtz, Director (2008-   )
Melton Research Center for Jewish Education
The Jewish Theological Seminary of America

Dr. Deborah Uchill Miller, Project Director and Editor

All correspondence and inquiries should be directed to the Department
of Education, United Synagogue of Conservative Judaism,
155 Fifth Ave., NY, NY 10010

•

Edited and Produced by CET-LE Team:

Project Director and Pedagogical Editor: Zohar Harkov
Linguistic Editor: Shoshi Miran

Graphic Designer: Yael Rimon
Illustrations: Avi Katz, Art & Illstration from Israel
(pages 6-7: Udi Taub, Studio Aesthetics)
Computers and DTP Assistance: Roni Meiron

Publishing Coordinator: Gadi Nachmias

CET-LE Learning Environments, for the home (2002) Ltd, 16 Klausner St.
P.O.B. 39513, Tel-Aviv 61394, Israel
Tel. 972-3-6460165, http://www.cet.ac.il

ISBN: 0-8381-0080-5

Printed in Israel

We gratefully acknowledge the guidance of The MaToK Deliberation Team:

Charlotte Abramson, Solomon Schechter Day School of Essex and Union
Dr. Bonnie Botel-Sheppard, Penn-Literacy Network
Rabbi Neil Gillman, Jewish Theological Seminary of America
Charlotte Glass, Solomon Schechter Day Schools of Chicago
Dr. Tikva Frymer-Kensky (z"l), University of Chicago
Dr. Kathryn Hirsh-Pasek, Temple University
Dr. Steven Lorch, Solomon Schechter Day Schools of Manhattan
Dr. Ora Horn Prouser, Academy for Jewish Religion, New York
Rabbi Benjamin Scolnic, Temple Beth Sholom, Hamden, CT

Curriculum Writers:

Associate Editors: Marcia Lapidus Kaunfer
Ellen J. Rank

Charlotte Abramson

Gila Azrad

Rabbi Greta Brown

Mimi Brandwein

Heather Fiedler

Rebecca Friedman

Orly Gonen

Rabbi Pamela Gottfried

Penina Grossberg

Sally Hendelman

Rabbi Brad Horwitz

Rabbi Elana Kanter

Naamit Kurshan

Dr. Deborah Uchill Miller

Ellen Rank

Ami Sabari

Rabbi Jon Spira-Savett

Miriam Taub

Laura Wiseman

Teachers' guide insertions:
Rabbi Gary Karlin

Artwork: Experimental edition
Arielle Miller-Timen, Karen Ostrove

Translation:
Ruthie Bashan, Mira Bashan

http://ssdsa.org/?page=matok

הַדֶּרֶךְ לְאֶרֶץ כְּנַעַן

פֶּרֶק י"ג פְּסוּקִים י"ז-כ"ב

מַהִי הַדֶּרֶךְ הַקְּצָרָה לְאֶרֶץ כְּנַעַן?

וַיִּסְעוּ בְנֵי-יִשְׂרָאֵל מֵרַעְמְסֵס סֻכֹּתָה[1],
כְּשֵׁשׁ-מֵאוֹת אֶלֶף רַגְלִי[2] הַגְּבָרִים
לְבַד[3] מִטָּף.

(שְׁמוֹת י"ב פָּסוּק ל"ז)

> [1] סֻכֹּתָה: אֶל סֻכּוֹת (שֵׁם שֶׁל מָקוֹם)
>
> [2] רַגְלִי: שֶׁהוֹלְכִים בָּרֶגֶל
>
> [3] לְבַד: חוּץ מִ...

- בְּנֵי יִשְׂרָאֵל נָסְעוּ מֵ_____ לְ_____.

- **הַקִּיפוּ** בְּמַעְגָּל אֶת שֵׁם הַמָּקוֹם שֶׁבְּנֵ"י נָסְעוּ אֵלָיו.

- **צַיְּרוּ** עַל הַמַּפָּה אֶת הַדֶּרֶךְ הַקְּצָרָה בְּיוֹתֵר מִסֻּכּוֹת בְּמִצְרַיִם לְאֶרֶץ כְּנַעַן.

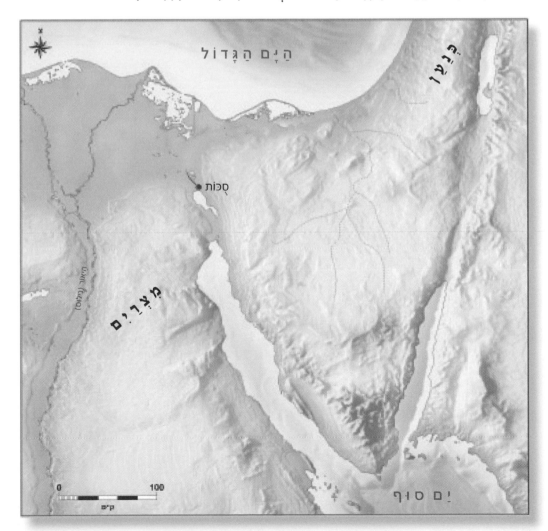

י"ז   וַיְהִי בְּשַׁלַּח¹ פַּרְעֹה אֶת־הָעָם

הַפֵּרוּשׁ: _____ הַשֹּׁרֶשׁ: _____ וְלֹא־נָחָם² אֱ‑לֹהִים דֶּרֶךְ³ אֶרֶץ פְּלִשְׁתִּים

כִּי קָרוֹב הוּא⁴,

כִּי אָמַר אֱ‑לֹהִים:

הַפֵּרוּשׁ: _____ הַשֹּׁרֶשׁ: _____ "פֶּן⁵־יִנָּחֵם⁶ הָעָם בִּרְאֹתָם⁷ מִלְחָמָה

וְשָׁבוּ מִצְרָיְמָה."

---

1   **בְּשַׁלַּח** (שׁ‑ל‑ח): כַּאֲשֶׁר שָׁלַח

2   **וְלֹא־נָחָם** (נ‑ח‑ה): did not lead them

3   **דֶּרֶךְ**: by way of

4   **כִּי קָרוֹב הוּא**: אַף עַל פִּי שֶׁהוּא קָרוֹב

5   **פֶּן**: lest

6   **יִנָּחֵם** (נ‑ח‑מ): יְשַׁנֶּה אֶת דַּעְתּוֹ
have a change of heart, may regret

7   **בִּרְאֹתָם** (ר‑א‑ה): כַּאֲשֶׁר הֵם יִרְאוּ

8   **וַיַּסֵּב** (ס‑ב‑ב): turned them around

9   **וַחֲמֻשִׁים**: armed

י"ח   וַיַּסֵּב⁸ אֱ‑לֹהִים אֶת־הָעָם

דֶּרֶךְ הַמִּדְבָּר יַם־סוּף,

וַחֲמֻשִׁים⁹ עָלוּ בְנֵי־יִשְׂרָאֵל מֵאֶרֶץ מִצְרָיִם.

י"ט   וַיִּקַּח מֹשֶׁה אֶת־עַצְמוֹת[10] יוֹסֵף עִמּוֹ,

כִּי הַשְׁבֵּעַ הִשְׁבִּיעַ[11] אֶת־בְּנֵי יִשְׂרָאֵל לֵאמֹר:

"פָּקֹד יִפְקֹד[12] אֱ-לֹהִים אֶתְכֶם

וְהַעֲלִיתֶם אֶת־עַצְמֹתַי מִזֶּה אִתְּכֶם."

כ'   וַיִּסְעוּ מִסֻּכֹּת,

וַיַּחֲנוּ[13] בְאֵתָם[14] בִּקְצֵה[15] הַמִּדְבָּר.

[10] אֶת־עַצְמוֹת: the bones of	
[11] הַשְׁבֵּעַ הִשְׁבִּיעַ: made take them an oath	
[12] פָּקֹד יִפְקֹד: will certainly remember	
[13] וַיַּחֲנוּ (ח-נ-ה): they camped	
[14] אֵתָם: שֵׁם מָקוֹם	
[15] בִּקְצֵה: בַּקָצֶה שֶׁל the edge of	

סֻכֹּת

בְּבַקָּשָׁה:

1 הַשֵּׁם "אֱ-לֹהִים" מוֹפִיעַ _____ פְּעָמִים. **סַמְּנוּ בְּצָהֹב בְּעַמּוּד 6.** (פְּסוּקִים י"ז-י"ח)

1א. אֶל מִי אֱ-לֹהִים מְדַבֵּר, לְדַעְתְּכֶם? _____

כִּי כָּתוּב: "_____"

2 **סַמְּנוּ בְּיָרֹק** אֶת הַשֵּׁמוֹת שֶׁל הַדְּרָכִים וְשֶׁל הַמְּקוֹמוֹת.

3 אֶפְשָׁר לְהַגִּיעַ לְאֶרֶץ כְּנַעַן בְּדֶרֶךְ קְצָרָה אוֹ בְּדֶרֶךְ אֲרֻכָּה. **הַשְׁלִימוּ** (פְּסוּקִים י"ז-י"ח):

• הַדֶּרֶךְ הַקְּצָרָה הִיא: דֶּרֶךְ _____

כִּי כָּתוּב: "_____"

• הַדֶּרֶךְ הָאֲרֻכָּה הִיא: דֶּרֶךְ _____

4 **הַקִּיפוּ** אֶת (נחם). מְצָאתֶם _____ פְּעָמִים. (פָּסוּק _____)

5 בְּפָסוּק י"ז אֲנַחְנוּ מוֹצְאִים "לָשׁוֹן נוֹפֵל עַל לָשׁוֹן":

> לָשׁוֹן נוֹפֵל עַל לָשׁוֹן
> מִלִּים שֶׁהַצְּלִיל שֶׁלָּהֶן דּוֹמֶה,
> אֲבָל הַמַּשְׁמָעוּת שׁוֹנָה.

נָחַם (נ-ח-ה): הוֹבִיל אוֹתָם	led them
יִנָּחֵם (נ-ח-מ): יְשַׁנֶּה אֶת הַדֵּעָה שֶׁלּוֹ	will regret

• **כִּתְבוּ בְּעַמּוּד 6** אֶת הַשָּׁרָשִׁים וְאֶת הַפֵּרוּשִׁים. (פָּסוּק י"ז)

6 הַשְׁלִימוּ בִּלְשׁוֹנֵנוּ: (פָּסוּק י"ז)

אֱ-לֹהִים מַחְלִיט לֹא _____

כִּי אֱ-לֹהִים חוֹשֵׁשׁ שֶׁהָעָם יִרְאֶה _____

וְאָז הָעָם _____

וְיִרְצֶה _____

camped

◀ הַשְׁלִימוּ בְּעַמוּד 7 לְמַטָּה אֶת שֵׁם הַמָּקוֹם שֶׁבְּנֵ"י חָנוּ בּוֹ. (פָּסוּק כ')

קְרִיאָה מַעֲמִיקָה (פְּסוּקִים י"ז-כ')

---

solution

1 בִּפְסוּקִים י"ז-י"ח אֶפְשָׁר לִמְצֹא בְּעָיָה וּפִתְרוֹן.

– מַהִי **הַבְּעָיָה?** (פָּסוּק י"ז) _____

_____

– מַהוּ **הַפִּתְרוֹן?** (פָּסוּק י"ח) _____

_____

2 לְפִי מָה שֶׁאֱ-לֹהִים אוֹמֵר, מָה אֲנַחְנוּ לוֹמְדִים **עַל הָעָם?** **כִּתְבוּ** 2 דְּבָרִים.

• _____

_____

• _____

_____

③ מָה יִקְרֶה לָעָם אִם יֵלֵךְ בַּדֶּרֶךְ הָאֲרֻכָּה? (פְּסוּקִים י"ז–י"ח) **כִּתְבוּ 2 דְּבָרִים.**

● _____

_____

● _____

_____

④ לִפְעָמִים אֲנַחְנוּ מַחְלִיטִים לָלֶכֶת בַּדֶּרֶךְ הָאֲרֻכָּה וְלֹא בַּדֶּרֶךְ הַקְּצָרָה.

כִּתְבוּ דֻּגְמָה.

_____

_____

_____

עַצְמוֹת יוֹסֵף (פָּסוּק י"ט)

① **סַמְּנוּ** בְּעַמּוּד 7 בְּכָחֹל אֶת דִּבְרֵי יוֹסֵף.

② בְּפָסוּק י"ט יֵשׁ שְׁנֵי בִּטּוּיִים וּבְכָל אֶחָד מֵהֶם 2 מִלִּים מֵאוֹתוֹ הַשֹּׁרֶשׁ. **הַעְתִּיקוּ** אוֹתָם.

> כְּמוֹ: מָלֹךְ תִּמְלֹךְ!

_____ _____ !   _____ _____ !

10

2א. מָה הַמִּלִּים הָאֵלֶּה מַדְגִּישׁוֹת?

_____

_____

2ב. הַאִם מֹשֶׁה עָשָׂה מָה שֶׁיּוֹסֵף רָצָה?   כֵּן ☐   לֹא ☐   צַטְטוּ:

"_____ " (פָּסוּק ____)

3 מֹשֶׁה זָכַר אֶת יוֹסֵף. מִי לֹא זָכַר אֶת יוֹסֵף? (שְׁמוֹת פֶּרֶק א' פָּסוּק ח')

_____

3א. מָה אֲנַחְנוּ לוֹמְדִים מִזֶּה עַל מֹשֶׁה?

_____

_____

4 כַּאֲשֶׁר עוֹשִׂים מִצְוָה בִּשְׁבִיל מִישֶׁהוּ שֶׁמֵּת, קוֹרְאִים לָזֶה "חֶסֶד שֶׁל אֱמֶת".
לָמָה, לְדַעְתְּכֶם?

_____

_____

_____

כ"א וַה' הֹלֵךְ לִפְנֵיהֶם[1]

יוֹמָם[2] בְּעַמּוּד עָנָן

לַנְחֹתָם[3] הַדֶּרֶךְ

וְלַיְלָה בְּעַמּוּד אֵשׁ

לְהָאִיר[4] לָהֶם,

לָלֶכֶת יוֹמָם וָלָיְלָה.

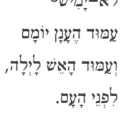
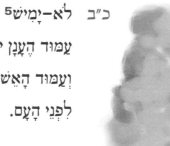

כ"ב לֹא-יָמִישׁ[5]

עַמּוּד הֶעָנָן יוֹמָם

וְעַמּוּד הָאֵשׁ לָיְלָה,

לִפְנֵי הָעָם.

---

[1] לִפְנֵיהֶם: לִפְנֵי הָעָם

[2] יוֹמָם: בְּמֶשֶׁךְ הַיּוֹם

[3] לַנְחֹתָם (נ-ח-ה)**:** לְהוֹבִיל אוֹתָם to guide them

[4] לְהָאִיר (א-ו-ר)**:** to light

[5] לֹא-יָמִישׁ: לֹא יָזוּז

בְּבַקָשָׁה:

1 סַמְּנוּ: בְּסָגֹל אֶת הַמִּלָה הַחוֹזֶרֶת **בַּהַתְחָלָה** שֶׁל פָּסוּק כ"א וּבַסּוֹף שֶׁל פָּסוּק כ"ב.

בְּצָהֹב אֶת הַמִּלָה "יוֹמָם". הַמִּלָה חוֹזֶרֶת _____ פְּעָמִים.

בְּיָרֹק אֶת הַמִּלָה הַהֲפוּכָה לְ"יוֹמָם". הַמִּלָה _____ חוֹזֶרֶת _____ פְּעָמִים.

2 אֵיזֶה רַעְיוֹן הַמִּלִים הַחוֹזְרוֹת מַדְגִּישׁוֹת, לְדַעְתְּכֶם? (פָּסוּק כ"א)

_____

2א. יֵשׁ עוֹד בִּטּוּי שֶׁמַּדְגִּישׁ אֶת הָרַעְיוֹן הַזֶּה. מַהוּ? "_____" (פָּסוּק כ"ב)

3 סַמְּנוּ אֶת "עַמּוּד הֶעָנָן" וְאֶת "עַמּוּד הָאֵשׁ".

3א. "עַמּוּד הֶעָנָן" חוֹזֵר _____ פְּעָמִים. "עַמּוּד הָאֵשׁ" חוֹזֵר _____ פְּעָמִים.

4 הַשְׁלִימוּ.

"וַה' הֹלֵךְ לִפְנֵיהֶם"

- בַּיּוֹם – בְּ_____ "_____"

  כְּדֵי _____

- בַּלַּיְלָה – בְּ_____ "_____"

  כְּדֵי _____

"לִפְנֵי הָעָם"

13

5 אֵיפֹה נִמְצָאִים עַמּוּד הֶעָנָן וְעַמּוּד הָאֵשׁ? לִפְנֵי הָעָם ☐ אַחֲרֵי הָעָם ☐

6 לְעַמּוּד הֶעָנָן וּלְעַמּוּד הָאֵשׁ יֵשׁ אוֹתוֹ הַתַּפְקִיד. מַהוּ?

_____

7 עַמּוּד הֶעָנָן וְעַמּוּד הָאֵשׁ "מַנְחִים" אֶת הָעָם. מָתַי?

_____

8 מָה בנ"י רוֹאִים? צַיְּרוּ.

1 לִפְנֵיכֶם הַמִּלִּים הַחֲשׁוּבוֹת בִּפְסוּקִים כ"א-כ"ב. שִׂימוּ לֵב לַסֵּדֶר הַמְיֻחָד שֶׁל הַמִּלִּים.

- **סַמְּנוּ** אֶת הַמִּלִּים הַחוֹזְרוֹת בַּצְּבָעִים הַמַּתְאִימִים.

- **חַבְּרוּ בְּקַו** אֶת הַמִּלִּים **הַכְּתוּבוֹת לְמַעְלָה** עִם הַמִּלִּים הַמְנֻגָּדוֹת לָהֶן (הַהֲפוּכוֹת), **הַכְּתוּבוֹת לְמַטָּה.**

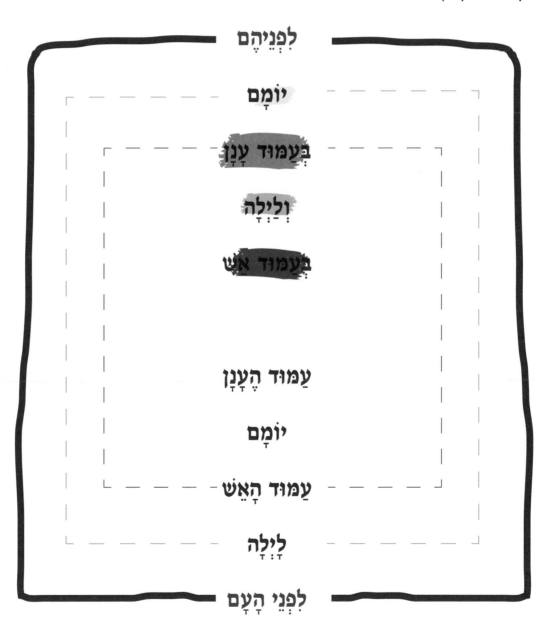

לִפְנֵיהֶם

יוֹמָם

בְּעַמּוּד עָנָן

וְלַיְלָה

בְּעַמּוּד אֵשׁ

עַמּוּד הֶעָנָן

יוֹמָם

עַמּוּד הָאֵשׁ

לַיְלָה

לִפְנֵי הָעָם

1א. **הַשְׁלִימוּ** אֶת זוּגוֹת הַמִּלִּים וְהַבִּטּוּיִים הַחוֹזְרִים. (פְּסוּקִים כ״א-כ״ב)

לִפְנֵיהֶם		לִפְנֵי
יוֹמָם		
עַמּוּד עָנָן		

structure

2 הַמִּלִּים מְסֻדָּרוֹת בְּמִבְנֶה שֶׁל מִסְגָּרוֹת, הָאַחַת בְּתוֹךְ הָאַחֶרֶת.

מָה לוֹמְדִים מֵהַסֵּדֶר שֶׁל הַמִּלִּים הָאֵלֶּה?

_____

_____

_____

3 אַתֶּם אֶחָד מִבְּנֵ״י. אַתֶּם יוֹדְעִים שֶׁה' הוֹלֵךְ לִפְנֵיכֶם בְּעַמּוּד עָנָן וּבְעַמּוּד אֵשׁ.

אֵיךְ אַתֶּם מַרְגִּישִׁים? **כִּתְבוּ** אוֹ **צַיְּרוּ.**

_____

_____

guides

3א. בַּחַיִּים שֶׁלָּכֶם - מָה אוֹ מִי מַדְרִיךְ אֶתְכֶם יוֹמָם וַלַיְלָה? _____

_____

_____

will trust

4 הַאִם בְּנֵ״י יַאֲמִינוּ בַּה', לְדַעְתְּכֶם? ☐ כֵּן ☐ לֹא **הַסְבִּירוּ.**

_____

_____

לָמָּה וְמָתַי אֲנַחְנוּ מְשַׁנִּים אֶת דַּעְתֵּנוּ?

1 לִפְעָמִים אֲנַחְנוּ מַחְלִיטִים לַעֲשׂוֹת מַשֶּׁהוּ וְאַחַר כָּךְ מְשַׁנִּים אֶת דַּעְתֵּנוּ.

change our minds   decide

לָמָּה זֶה קוֹרֶה? **סַפְּרוּ** סִפּוּר.

_____

_____

_____

_____

_____

_____

_____

_____

_____

קְרִיעַת יַם-סוּף

פֶּרֶק י"ד פְּסוּקִים ה'–ל"א

סֻכֹּת   אֵתָם

ה׳ וַיֻּגַּד[1] לְמֶלֶךְ מִצְרַיִם כִּי בָרַח[2] הָעָם,

וַיֵּהָפֵךְ[3] לְבַב פַּרְעֹה[4] וַעֲבָדָיו אֶל־הָעָם

וַיֹּאמְרוּ: "מַה־זֹּאת עָשִׂינוּ

כִּי־שִׁלַּחְנוּ אֶת־יִשְׂרָאֵל מֵעָבְדֵנוּ[5]."

ו׳ וַיֶּאְסֹר[6] אֶת־רִכְבּוֹ[7],

וְאֶת־עַמּוֹ לָקַח עִמּוֹ.

ז׳ וַיִּקַּח שֵׁשׁ־מֵאוֹת רֶכֶב בָּחוּר[8]

וְכֹל רֶכֶב מִצְרָיִם,

וְשָׁלִשִׁם[9] עַל־כֻּלּוֹ.

ח׳ וַיְחַזֵּק ה׳ אֶת־לֵב פַּרְעֹה מֶלֶךְ מִצְרַיִם

וַיִּרְדֹּף[10] אַחֲרֵי בְּנֵי יִשְׂרָאֵל,

וּבְנֵי יִשְׂרָאֵל יֹצְאִים בְּיָד רָמָה.

---

1 וַיֻּגַּד: אָמְרוּ לוֹ

2 בָּרַח: fled

3 וַיֵּהָפֵךְ (ה-פ-כ): שָׁנָה

4 לְבַב פַּרְעֹה: הַלֵּב שֶׁל פַּרְעֹה

5 מֵעָבְדֵנוּ (ע-ב-ד): מֵעֲבֹד אוֹתָנוּ
אוֹ: מִלִּהְיוֹת עֲבָדִים שֶׁלָּנוּ

6 וַיֶּאְסֹר: he harnessed

7 רִכְבּוֹ (ר-כ-ב): הָרֶכֶב שֶׁלּוֹ chariot

8 בָּחוּר (ב-ח-ר): נִבְחָרִים selected

9 וְשָׁלִשִׁם: קְבוּצוֹת שֶׁל שְׁלוֹשָׁה

10 וַיִּרְדֹּף (ר-ד-פ): chased

ט׳ וַיִּרְדְּפוּ מִצְרַיִם אַחֲרֵיהֶם

וַיַּשִּׂיגוּ[11] אוֹתָם חֹנִים עַל־הַיָּם

כָּל־סוּס רֶכֶב פַּרְעֹה וּפָרָשָׁיו[12] וְחֵילוֹ[13],

עַל־פִּי הַחִירֹת[14] לִפְנֵי בַּעַל צְפֹן[15].

[11] וַיַּשִּׂיגוּ: הִגִּיעוּ קָרוֹב

[12] פָּרָשָׁיו: הַלּוֹחֲמִים הָעוֹמְדִים בַּמֶּרְכָּבוֹת riders

[13] חֵילוֹ: הַצָּבָא שֶׁלּוֹ

[14] פִּי הַחִירֹת: שֵׁם שֶׁל מָקוֹם

[15] בַּעַל צְפֹן: שֵׁם שֶׁל מָקוֹם

בְּבַקָשָׁה:

1 **סַמְּנוּ** בְּעַמּוּד 19: בְּורֹד אֶת "לֵב" פַּרְעֹה.

בְּצָהֹב אֶת הַפְּעָלִים הַקְּשׁוּרִים לַ"לֵב" שֶׁל פַּרְעֹה.

2 מָה קָרָה לַ"לֵב" שֶׁל פַּרְעֹה?

פָּסוּק ה': _____

פָּסוּק ח': _____

3 מָה פַּרְעֹה עָשָׂה? **סַמְּנוּ** בְּיָרֹק אֶת כָּל הַפְּעָלִים. (פְּסוּקִים ו'-ח')

3א. הַפְּעָלִים הֵם: _____

3ב. **קִרְאוּ** אֶת הַפְּעָלִים בַּקֶּצֶב הַמַּתְאִים. מָה לוֹמְדִים מִזֶּה עַל פַּרְעֹה?

_____

4 **הַקִּיפוּ** בְּמַלְבֵּן אֶת בנ"י. בנ"י מוֹפִיעִים _____ פְּעָמִים בְּאוֹתוֹ פָּסוּק. (פָּסוּק ח')

4א. הַאִם בנ"י יָדְעוּ שֶׁמִּצְרַים רוֹדְפִים אַחֲרֵיהֶם? □ כֵּן □ לֹא **הַסְבִּירוּ.**

_____

4ב. אֲנַחְנוּ יוֹדְעִים שֶׁפַּרְעֹה □ יַצְלִיחַ □ לֹא יַצְלִיחַ **הַסְבִּירוּ.** (פָּסוּק ח')

_____

21

מָה? _____   מִי? _____   מִי? _____

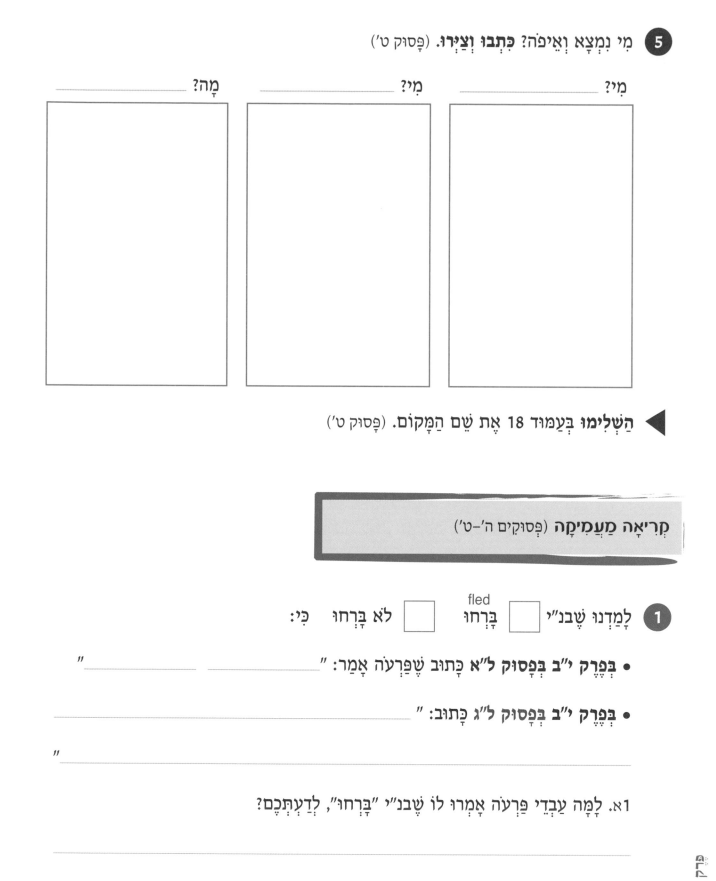

◄ **הַשְׁלִימוּ** בְּעַמּוּד 18 אֶת שֵׁם הַמָּקוֹם. (פָּסוּק ט')

קְרִיאָה מַעֲמִיקָה (פְּסוּקִים ה'–ט')

1 לָמַדְנוּ שֶׁבְּנֵ"י   □ בָּרְחוּ   fled   □ לֹא בָּרְחוּ   כִּי:

• **בְּפֶרֶק י"ב בְּפָסוּק ל"א** כָּתוּב שֶׁפַּרְעֹה אָמַר: "_____ "

• **בְּפֶרֶק י"ב בְּפָסוּק ל"ג** כָּתוּב: "_____

_____ "

1א. לָמָּה עַבְדֵי פַּרְעֹה אָמְרוּ לוֹ שֶׁבְּנֵ"י "בָּרְחוּ", לְדַעְתְּכֶם?

_____

_____

2 לָמָּה פַּרְעֹה הֶחְלִיט לְשַׁלֵּחַ אֶת הָעָם, לְדַעְתְּכֶם? **כִּתְבוּ** כַּמָּה סִבּוֹת.

_____

_____

2א. לָמָּה פַּרְעֹה שִׁנָּה אֶת דַּעְתּוֹ, לְדַעְתְּכֶם? **כִּתְבוּ** כַּמָּה סִבּוֹת.

_____

_____

3 **סַמְּנוּ** בָּעַמּוּדִים 19–20 קַו מִתַּחַת לַמִּלִּים הַקְּשׁוּרוֹת לַצָּבָא שֶׁל פַּרְעֹה. (פְּסוּקִים ז׳, ט׳)

3א. לְפִי הַכָּתוּב, מָה פַּרְעֹה מַרְגִּישׁ וְחוֹשֵׁב, לְדַעְתְּכֶם?

_____

_____

4 **אַתֶּם מִבְנֵ"י.** אַתֶּם רוֹאִים אֶת הַצָּבָא שֶׁל פַּרְעֹה. אֵיךְ אַתֶּם מַרְגִּישִׁים? **הַסְבִּירוּ.**

_____

4א. מָה אַתֶּם עוֹשִׂים? _____

_____

5 **אַתֶּם מֹשֶׁה.** אֵיךְ אַתֶּם מַרְגִּישִׁים? **הַסְבִּירוּ.**

_____

_____

5א. מָה אַתֶּם עוֹשִׂים? _____

_____

י' וּפַרְעֹה הִקְרִיב¹,

וַיִּשְׂאוּ² בְנֵי־יִשְׂרָאֵל אֶת־עֵינֵיהֶם

וְהִנֵּה מִצְרַיִם נֹסֵעַ³ אַחֲרֵיהֶם

וַיִּירְאוּ מְאֹד וַיִּצְעֲקוּ בְנֵי־יִשְׂרָאֵל אֶל־ה'.

1 הִקְרִיב (ק־ר־ב): בָּא קָרוֹב

2 וַיִּשְׂאוּ (נ־ש־א): lifted

3 נֹסֵעַ: traveling

הַשֹּׁרֶשׁ: _____ הַפֵּרוּשׁ: _____

י"א וַיֹּאמְרוּ אֶל־מֹשֶׁה:

"הֲמִבְּלִי⁴ אֵין־קְבָרִים⁵ בְּמִצְרַיִם

לְקַחְתָּנוּ⁶ לָמוּת בַּמִּדְבָּר,

מַה־זֹּאת עָשִׂיתָ לָּנוּ לְהוֹצִיאָנוּ מִמִּצְרָיִם?

4 הֲמִבְּלִי: was it for a lack of

5 קְבָרִים: graves

6 לְקַחְתָּנוּ (ל־ק־ח): לָקַחְתָּ אוֹתָנוּ

י״ב   הֲלֹא-זֶה הַדָּבָר אֲשֶׁר דִּבַּרְנוּ אֵלֶיךָ בְמִצְרַיִם לֵאמֹר:

'חֲדַל מִמֶּנּוּ[7] וְנַעַבְדָה[8] אֶת-מִצְרָיִם,

כִּי טוֹב לָנוּ עֲבֹד אֶת-מִצְרַיִם מִמֻּתֵנוּ[9] בַּמִּדְבָּר.' "

7 חֲדַל מִמֶּנּוּ: עֲזֹב אוֹתָנוּ	
8 וְנַעַבְדָה (ע-ב-ד): וְנַעֲבֹד	
9 מִמֻּתֵנוּ (מ-ו-ת): מֵאֲשֶׁר לָמוּת	

י״ג   וַיֹּאמֶר מֹשֶׁה אֶל-הָעָם:

"אַל-תִּירָאוּ!

הַשֹּׁרֶשׁ: _____   הַפֵּרוּשׁ: _____

הִתְיַצְּבוּ[10] וּרְאוּ אֶת-יְשׁוּעַת ה'[11]

הַשֹּׁרֶשׁ: _____   הַפֵּרוּשׁ: _____

אֲשֶׁר-יַעֲשֶׂה לָכֶם הַיּוֹם,

כִּי אֲשֶׁר רְאִיתֶם אֶת-מִצְרַיִם הַיּוֹם

הַשֹּׁרֶשׁ: _____   הַפֵּרוּשׁ: _____

לֹא תֹסִפוּ לִרְאֹתָם עוֹד עַד-עוֹלָם[12].

הַשֹּׁרֶשׁ: _____   הַפֵּרוּשׁ: _____

י״ד   ה' יִלָּחֵם לָכֶם,

וְאַתֶּם תַּחֲרִשׁוּן[13]. "

10 הִתְיַצְּבוּ: עִמְדוּ	
11 יְשׁוּעַת ה': הַצָּלָה מֵה' (God's rescue)	
12 עַד-עוֹלָם: לְתָמִיד	
13 תַּחֲרִשׁוּן (ח-ר-ש): תִּהְיוּ בְּשֶׁקֶט	

בְּבַקָשָׁה:

1 סַמְּנוּ בְּכָחֹל בְּעַמוּדִים 24–25 אֶת הַמִּלִים מִן הַשָּׁרָשִים הַ״דוֹמִים״. (י–ר–א, ר–א–ה)

1א. בְּפָסוּק י׳ כָּתוּב שֶׁבנ״י רָאוּ, אֲבָל הַשֹּׁרֶש ר–א–ה לֹא מוֹפִיעַ. **סַמְּנוּ** אֶת הַבִּטוּי **בְּכָחֹל**.

הַבִּטוּי הוּא: "_____"

2 סַמְּנוּ בְּוָרֹד אֶת הַתְּלוּנוֹת שֶׁל בנ״י לְמֹשֶׁה. (פְּסוּקִים י״א–י״ב)

3 הַקִּיפוּ בְּמַלְבֵּן אֶת הַמִּלִים מִן הַשֹּׁרֶש מ–ו–ת.

complaint
תְּלוּנָה, תְּלוּנוֹת, לְהִתְלוֹנֵן (ל–ו–נ)

3א. מִמָּה בנ״י מְפַחֲדִים? (פְּסוּקִים י״א–י״ב)

_____

4 הַקִּיפוּ בְּמַעְגָּל אֶת הַשֵּׁם הַחוֹזֵר 5 פְּעָמִים בַּתְּלוּנָה שֶׁל בנ״י. (פְּסוּקִים י״א–י״ב)

4א. הַשֵּׁם הוּא _____

4ב. מָה אֲנַחְנוּ לוֹמְדִים מִן הַשֵּׁם הַחוֹזֵר עַל בנ״י?

_____

_____

5 סַמְּנוּ בְּצָהֹב אֶת דִּבְרֵי מֹשֶׁה לָעָם. (פְּסוּקִים י״ג–י״ד)

6 בְּפָסוּק י"ג אָנוּ מוֹצְאִים "לָשׁוֹן נוֹפֵל עַל לָשׁוֹן":

צְלִיל דּוֹמֶה אֲבָל מַשְׁמָעוּת שׁוֹנָה!

הַמִּלִים הֵן מֵהַשָּׁרָשִׁים הָאֵלֶּה:

ר-א-ה: לִרְאוֹת

י-ר-א: לְפַחֵד

6א. **כִּתְבוּ** בְּעַמּוּדִים 24–25 אֶת הַשָּׁרָשִׁים וְאֶת הַפֵּרוּשִׁים.

6ב. **הַשְׁלִימוּ** בִּלְשׁוֹנֵנוּ אֶת הָרַעְיוֹן שֶׁל מֹשֶׁה. (פָּסוּק י"ג)

אַל _____ מִמִּצְרַיִם כִּי לֹא _____ אֶת מִצְרַיִם לְעוֹלָם.

6ג. **הַשְׁלִימוּ**:

• בנ"י יִרְאוּ אֶת _____

• בנ"י לֹא יִרְאוּ אֶת _____

7 **נְסַכֵּם**: (פְּסוּקִים י'–י"ד)

הַשְׁלִימוּ בְּמִלָּה אַחַת:

• בנ"י רָאוּ אֶת

• בנ"י פָּחֲדוּ מ

preferred

• בנ"י הֶעְדִּיפוּ לַחֲזֹר ל

• מֹשֶׁה אָמַר שֶׁבנ"י לֹא יִרְאוּ עוֹד אֶת

8 מִי יִלָּחֵם וּמִי לֹא יִלָּחֵם בַּמִּלְחָמָה הַזֹּאת? (פָּסוּק י"ד)

_____

_____

complained

1 כַּאֲשֶׁר בנ"י הִתְלוֹנְנוּ, מָה הֵם הִרְגִּישׁוּ **כְּלַפֵּי ה'**, לְדַעְתְּכֶם?

_____

2 כַּאֲשֶׁר בנ"י הִתְלוֹנְנוּ, מָה הֵם הִרְגִּישׁוּ **כְּלַפֵּי מִצְרַיִם**, לְדַעְתְּכֶם?

_____

3 אַתֶּם מִבנ"י. אֵיךְ אַתֶּם מַרְגִּישִׁים? **צַיְּרוּ** אוֹ **כִּתְבוּ.**

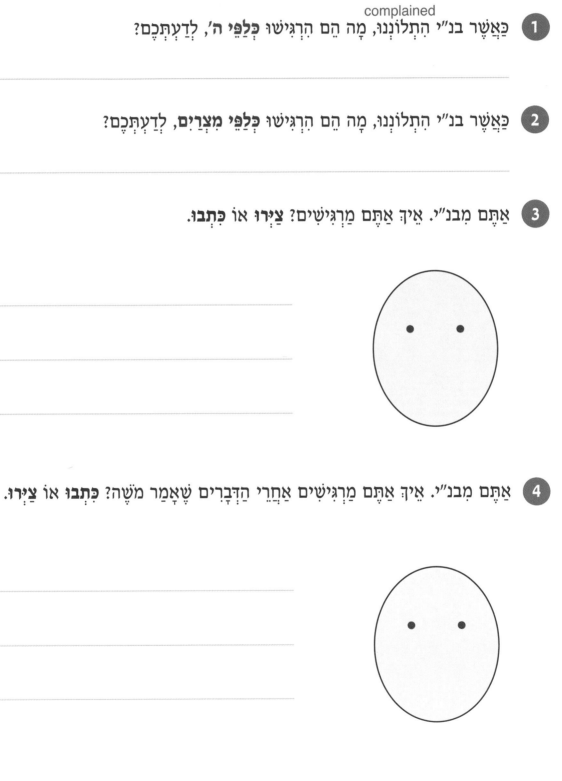

_____

_____

4 אַתֶּם מִבנ"י. אֵיךְ אַתֶּם מַרְגִּישִׁים אַחֲרֵי הַדְּבָרִים שֶׁאָמַר מֹשֶׁה? **כִּתְבוּ** אוֹ **צַיְּרוּ.**

_____

_____

28

⭐ **5 אֶתְגָּר:** לְפִי הִתְנַהֲגוּת בנ"י, הַאִם צָדַק ה' כַּאֲשֶׁר הֶחֱלִיט "לְסוֹבֵב" אֶת בנ"י בַּמִּדְבָּר? **הַסְבִּירוּ.**

(פֶּרֶק י"ג פָּסוּק י"ח)

_____

_____

_____

⭐ **6 אֶתְגָּר:** בְּדִבְרֵי מֹשֶׁה יֵשׁ "לָשׁוֹן נוֹפֵל עַל לָשׁוֹן": ר-א-ה י-ר-א . (פָּסוּק י"ב)

לָמָּה הוּא מְדַבֵּר כָּךְ, לְדַעְתְּכֶם? (חִשְׁבוּ עַל מִי שֶׁשּׁוֹמֵעַ.)

_____

_____

_____

7 בְּפָסוּק י"ג יֵשׁ שְׁנֵי חֲלָקִים מְנֻגָּדִים (הֲפוּכִים). **הַשְׁלִימוּ:**

אֲשֶׁר רְאִיתֶם אֶת-מִצְרַיִם הַיּוֹם לֹא תֹסִפוּ לִרְאֹתָם עוֹד עַד-עוֹלָם

	אֲשֶׁר רְאִיתֶם
	הַיּוֹם

29

פֶּרֶק י״ד פְּסוּקִים ט״ו-י״ח

ט״ו וַיֹּאמֶר ה׳ אֶל-מֹשֶׁה:

"מַה-תִּצְעַק אֵלָי?!

דַּבֵּר אֶל-בְּנֵי-יִשְׂרָאֵל וְיִסָּעוּ[1].

ט״ז וְאַתָּה הָרֵם[2] אֶת-מַטְּךָ

וּנְטֵה אֶת-יָדְךָ עַל-הַיָּם וּבְקָעֵהוּ[3],

וְיָבֹאוּ בְנֵי-יִשְׂרָאֵל בְּתוֹךְ הַיָּם בַּיַּבָּשָׁה[4].

י״ז וַאֲנִי הִנְנִי מְחַזֵּק אֶת-לֵב מִצְרַיִם

וְיָבֹאוּ אַחֲרֵיהֶם,

וְאִכָּבְדָה[5] בְּפַרְעֹה וּבְכָל-חֵילוֹ בְּרִכְבּוֹ וּבְפָרָשָׁיו.

י״ח וְיָדְעוּ מִצְרַיִם כִּי-אֲנִי ה׳,

בְּהִכָּבְדִי בְּפַרְעֹה בְּרִכְבּוֹ וּבְפָרָשָׁיו."

---

[1] **וְיִסָּעוּ** (נ-ס-ע): הֵם יִסְעוּ

[2] **הָרֵם** (ר-ו-מ): lift up

[3] **וּבְקָעֵהוּ** (ב-ק-ע): חַלֵּק אוֹתוֹ לִשְׁנַיִם split it

[4] **בַּיַּבָּשָׁה** (י-ב-ש): on dry land

[5] **וְאִכָּבְדָה בְ...** (כ-ב-ד): (פַּרְעֹה) יִתֵּן כָּבוֹד

1 מַהִי הַתָּכְנִית שֶׁל ה'? **הַשְׁלִימוּ וְצַיְּרוּ.** (פְּסוּקִים ט"ז-י"ח)

מֹשֶׁה יָרִים אֶת _____ וְיַטֶּה אֶת _____

מֹשֶׁה יִבְקַע אֶת _____

בנ"י יֵלְכוּ _____

ה' יְחַזֵּק אֶת _____ וִיקַבֵּל _____ מִפַּרְעֹה.

הַמִּצְרִים יִרְדְּפוּ _____

הַמִּצְרִים יֵדְעוּ _____

2 **סַמְּנוּ בְּאָדֹם** בְּעַמּוּד 30 אֶת הַפְּעָלוֹת שֶׁלְּמַדְתֶּם בְּסִפּוּרֵי מַכּוֹת מִצְרַיִם. (פְּסוּקִים י"ז-י"ח)

2א. מָה אֶפְשָׁר לִלְמֹד מֵהַפְּעָלוֹת הַחוֹזְרוֹת?

• עַל אֱ-לֹהִים: _____

_____

• עַל פַּרְעֹה: _____

• עַל מָה שֶׁיִּקְרֶה: _____

פֶּרֶק י״ד פְּסוּקִים י״ט-כ׳

י״ט   וַיִּסַּע מַלְאַךְ הָאֱ-לֹהִים

הַהֹלֵךְ לִפְנֵי מַחֲנֵה¹ יִשְׂרָאֵל

וַיֵּלֶךְ מֵאַחֲרֵיהֶם,

וַיִּסַּע עַמּוּד הֶעָנָן מִפְּנֵיהֶם

וַיַּעֲמֹד מֵאַחֲרֵיהֶם.

כ׳   וַיָּבֹא בֵּין מַחֲנֵה מִצְרַיִם וּבֵין מַחֲנֵה יִשְׂרָאֵל

וַיְהִי הֶעָנָן וְהַחֹשֶׁךְ

וַיָּאֶר² אֶת-הַלָּיְלָה,

וְלֹא-קָרַב³ זֶה אֶל-זֶה כָּל-הַלָּיְלָה.

---

¹ מַחֲנֵה (ח-נ-ה): camp of

² וַיָּאֶר (א-ו-ר): הוּא הֵאִיר; נָתַן אוֹר

³ קָרַב (ק-ר-ב): בָּא קָרוֹב

1 סַמְּנוּ: מַחֲנֵה יִשְׂרָאֵל   מַחֲנֵה מִצְרַיִם

2 אֵילוּ מִלִּים הֱיִיתֶם צוֹבְעִים בְּשָׁחֹר? הַקִּיפוּ אוֹתָן בְּמַלְבֵּן .

2א. הַמִּלִּים הֵן: _____

3 הַשְׁלִימוּ:

עַמּוּד הֶעָנָן עָמַד בֵּין _____ לְבֵין

כְּדֵי _____

הַמַּחֲנֶה שֶׁל מִצְרַיִם לֹא הִתְקָרֵב אֶל הַמַּחֲנֶה שֶׁל יִשְׂרָאֵל כָּל הַלַּיְלָה,

כִּי _____

_____

4 בַּחֲרוּ אֶחָד הַפְּסוּקִים וְצַיְּרוּ.

" _____ " (פָּסוּק _____)

33

כ"א וַיֵּט מֹשֶׁה אֶת־יָדוֹ עַל־הַיָּם

וַיּוֹלֶךְ[1] ה' אֶת־הַיָּם בְּרוּחַ קָדִים[2] עַזָּה[3] כָּל־הַלַּיְלָה

וַיָּשֶׂם אֶת־הַיָּם לֶחָרָבָה[4],

וַיִּבָּקְעוּ[5] הַמָּיִם.

כ"ב וַיָּבֹאוּ בְנֵי־יִשְׂרָאֵל בְּתוֹךְ הַיָּם בַּיַּבָּשָׁה,

וְהַמַּיִם לָהֶם חוֹמָה[6] מִימִינָם[7] וּמִשְּׂמֹאלָם[8].

כ"ג וַיִּרְדְּפוּ מִצְרַיִם

וַיָּבֹאוּ אַחֲרֵיהֶם

כֹּל סוּס פַּרְעֹה רִכְבּוֹ וּפָרָשָׁיו,

אֶל־תּוֹךְ הַיָּם.

1 **וַיּוֹלֶךְ** (ה-ל-כ): הוֹבִיל led

2 **רוּחַ קָדִים**: רוּחַ מִזְרָחִית

3 **עַזָּה**: חֲזָקָה

4 **לֶחָרָבָה**: חָרֵב = יָבֵשׁ; לַיַּבָּשָׁה

5 **וַיִּבָּקְעוּ** (ב-ק-ע): נֶחְלְקוּ לִשְׁנַיִם split it

6 **חוֹמָה**: wall

7 **מִימִינָם**: מִצַּד יָמִין שֶׁלָּהֶם

8 **מִשְּׂמֹאלָם**: מִצַּד שְׂמֹאל שֶׁלָּהֶם

כ״ד וַיְהִי בְּאַשְׁמֹרֶת הַבֹּקֶר⁹

וַיַּשְׁקֵף¹⁰ ה׳ אֶל-מַחֲנֵה מִצְרַיִם

בְּעַמּוּד אֵשׁ וְעָנָן,

וַיָּהָם¹¹ אֵת מַחֲנֵה מִצְרָיִם.

כ״ה וַיָּסַר¹² אֵת אֹפַן¹³ מַרְכְּבֹתָיו

וַיְנַהֲגֵהוּ¹⁴ בִּכְבֵדֻת¹⁵,

וַיֹּאמֶר מִצְרַיִם: "אָנוּסָה¹⁶ מִפְּנֵי יִשְׂרָאֵל

כִּי ה׳ נִלְחָם לָהֶם בְּמִצְרָיִם."

בְּבַקָּשָׁה:

1 סַמְּנוּ בְּכָחֹל בְּעַמּוּד 34 אֶת הַמִּלִים: יָם, מַיִם.

הַמִּלִים חוֹזְרוֹת _____ פְּעָמִים, כִּי _____

_____

2 סַמְּנוּ בְּצָהֹב בְּעַמּוּדִים 34–35 אֶת הַפְּעָלִים הַקְּשׁוּרִים לֵא-לֹהִים.

• הַפְּעָלִים הֵם: _____

 אֶת הַפֹּעַל הַקָּשׁוּר לבנ״י.

• הַפֹּעַל הוּא: _____

2א. מָה אֲנַחְנוּ לוֹמְדִים מִזֶּה?

_____

_____

3 בַּמַּלְבֵּן אֶת הַפְּעֻלּוֹת שֶׁהַמִּצְרִים עוֹשִׂים. (פָּסוּק כ״ג)

3א. הַפְּעֻלּוֹת הֵן: _____

4 סַמְּנוּ  אֶת דִּבְרֵי הַמִּצְרִים. (פָּסוּק כ״ה)

4א. מָה הַמִּצְרִים רוֹצִים לַעֲשׂוֹת עַכְשָׁו?

_____

_____

4ב. מָה הַמִּצְרִים מְבִינִים?

_____

1 הַשְׁלִימוּ בִּלְשׁוֹן הַתּוֹרָה אֶת מָה שֶׁקָּרָה. **צַטְטוּ.**

מַהִי הַתָּכְנִית? (פס' ט"ז-י"ח)	**מָה קָרָה?** (פס' כ"א-כ"ה)
• "הָרֵם אֶת־מַטְּךָ וּנְטֵה אֶת־יָדְךָ עַל־הַיָּם"	"וַיֵּט מֹשֶׁה אֶת־יָדוֹ עַל־הַיָּם"
• "וּבְקָעֵהוּ"	
• "וְיָבֹאוּ בְנֵי־יִשְׂרָאֵל בְּתוֹךְ הַיָּם בַּיַּבָּשָׁה"	
• "וְיָבֹאוּ אַחֲרֵיהֶם... וְיָדְעוּ מִצְרַיִם כִּי־אֲנִי ה'"	

2 מָה הֵם 2 הַדְּבָרִים הַמְיֻחָדִים שֶׁה' עָשָׂה? (פְּסוּקִים כ"א-כ"ה) **כִּתְבוּ אוֹ צַיְּרוּ.**

כ"ו   וַיֹּאמֶר ה' אֶל־מֹשֶׁה:

"נְטֵה אֶת־יָדְךָ עַל־הַיָּם,

וְיָשֻׁבוּ הַמַּיִם עַל־מִצְרַיִם

עַל־רִכְבּוֹ וְעַל־פָּרָשָׁיו."

כ"ז   וַיֵּט מֹשֶׁה אֶת־יָדוֹ עַל־הַיָּם

וַיָּשָׁב הַיָּם לִפְנוֹת בֹּקֶר¹ לְאֵיתָנוֹ²

וּמִצְרַיִם נָסִים³ לִקְרָאתוֹ⁴,

וַיְנַעֵר⁵ ה' אֶת־מִצְרַיִם בְּתוֹךְ הַיָּם.

---

¹ **לִפְנוֹת בֹּקֶר:** towards dawn

² **לְאֵיתָנוֹ:** אֵיתָן = חָזָק (כְּמוֹ שֶׁהָיָה קֹדֶם)

³ **נָסִים** (נ-ו-ס): בּוֹרְחִים

⁴ **לִקְרָאתוֹ:** toward it

⁵ **וַיְנַעֵר:** shook

כ"ח וַיָּשֻׁבוּ הַמַּיִם

וַיְכַסּוּ⁶ אֶת־הָרֶכֶב וְאֶת־הַפָּרָשִׁים

לְכֹל חֵיל פַּרְעֹה הַבָּאִים אַחֲרֵיהֶם בַּיָּם,

לֹא־נִשְׁאַר⁷ בָּהֶם עַד־אֶחָד.

6 וַיְכַסּוּ (כ-ס-ה): כִּסּוּ covered

7 נִשְׁאַר (ש-א-ר): remained

8 וַיּוֹשַׁע (י-ש-ע): הוֹשִׁיעַ, הִצִּיל

9 עַל־שְׂפַת הַיָּם: by the shore of the sea

כ"ט וּבְנֵי יִשְׂרָאֵל הָלְכוּ בַיַּבָּשָׁה בְּתוֹךְ הַיָּם,

וְהַמַּיִם לָהֶם חֹמָה

מִימִינָם וּמִשְּׂמֹאלָם.

ל'* וַיּוֹשַׁע⁸ ה' בַּיּוֹם הַהוּא אֶת־יִשְׂרָאֵל

מִיַּד מִצְרָיִם,

וַיַּרְא יִשְׂרָאֵל אֶת־מִצְרַיִם מֵת עַל־שְׂפַת הַיָּם⁹.

הַשֹּׁרֶשׁ: _____ הַפֵּרוּשׁ: _____

ל"א* וַיַּרְא יִשְׂרָאֵל אֶת־הַיָּד הַגְּדֹלָה

אֲשֶׁר עָשָׂה ה' בְּמִצְרַיִם

וַיִּירְאוּ הָעָם אֶת־ה',

וַיַּאֲמִינוּ בַּה' וּבְמֹשֶׁה עַבְדּוֹ.

הַשֹּׁרֶשׁ: _____ הַפֵּרוּשׁ: _____

הַשֹּׁרֶשׁ: _____ הַפֵּרוּשׁ: _____

* לִמְדוּ בְּעַל־פֶּה.

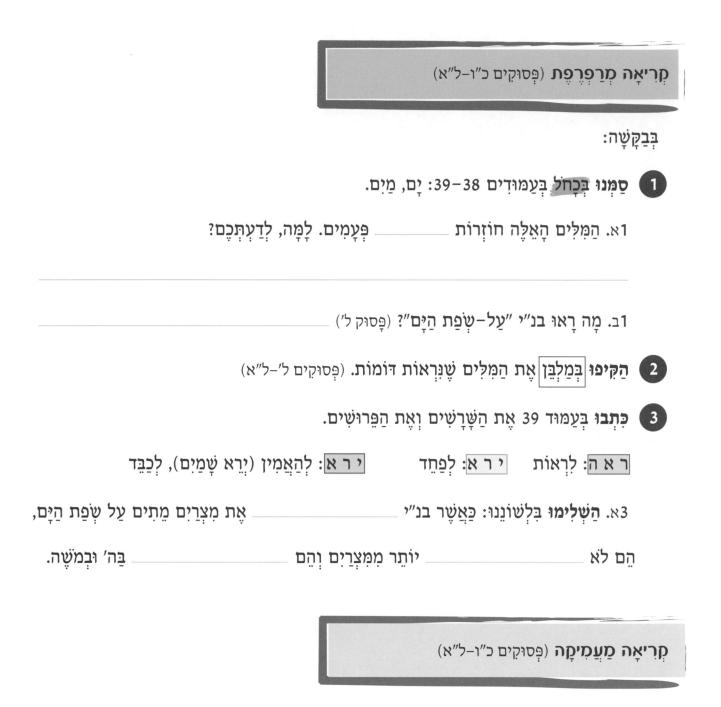

קְרִיאָה מְרַפְרֶפֶת (פְּסוּקִים כ"ו-ל"א)

בְּבַקָּשָׁה:

1 סַמְּנוּ בְּכָחֹל בְּעַמּוּדִים 38–39: יָם, מַיִם.

1א. הַמִּלִים הָאֵלֶּה חוֹזְרוֹת _____ פְּעָמִים. לָמָה, לְדַעְתְּכֶם?

_____

1ב. מָה רָאוּ בנ"י "עַל-שְׂפַת הַיָּם"? (פָּסוּק ל') _____

2 הַקִּיפוּ בְּמַלְבֵּן אֶת הַמִּלִים שֶׁנִּרְאוֹת דּוֹמוֹת. (פְּסוּקִים ל'-ל"א)

3 כִּתְבוּ בְּעַמּוּד 39 אֶת הַשָּׁרָשִׁים וְאֶת הַפֵּרוּשִׁים.

ר א ה: לִרְאוֹת   י ר א: לְפַחֵד   י ר א: לְהַאֲמִין (יְרֵא שָׁמַיִם), לְכַבֵּד

3א. הַשְׁלִימוּ בִּלְשׁוֹנֵנוּ: כַּאֲשֶׁר בנ"י _____ אֶת מִצְרַיִם מֵתִים עַל שְׂפַת הַיָּם,

הֵם לֹא _____ יוֹתֵר מִמִּצְרַיִם וְהֵם _____ בַּה' וּבְמֹשֶׁה.

קְרִיאָה מַעֲמִיקָה (פְּסוּקִים כ"ו-ל"א)

1 פַּעֲמַיִם ה' מְצַוֶּה עַל מֹשֶׁה לִנְטוֹת אֶת יָדוֹ עַל הַיָּם: (פָּסוּק ט"ז, פָּסוּק כ"ו)

● בַּפַּעַם הָרִאשׁוֹנָה כְּדֵי שֶׁ _____

● בַּפַּעַם הַשְּׁנִיָּה כְּדֵי שֶׁ _____

1א. לָמָה ה' לֹא עוֹשֶׂה אֶת זֶה בְּעַצְמוֹ, לְדַעְתְּכֶם?

_____

2 בַּפְּסוּקִים הָאֵלֶּה יֵשׁ "לָשׁוֹן נוֹפֵל עַל לָשׁוֹן". (פֶּרֶק י"ד)

סַמְּנוּ בְּצֶבַע אֶת הַמִּלִּים וְאֶת הַבִּטּוּיִים הַדּוֹמִים.

פָּסוּק י': וַיִּשְׂאוּ בְנֵי-יִשְׂרָאֵל אֶת-עֵינֵיהֶם

וְהִנֵּה מִצְרַיִם נֹסֵעַ אַחֲרֵיהֶם וַיִּירְאוּ מְאֹד...

פָּסוּק ל': ...וַיַּרְא יִשְׂרָאֵל אֶת-מִצְרַיִם מֵת עַל-שְׂפַת הַיָּם.

פָּסוּק ל"א: וַיַּרְא יִשְׂרָאֵל אֶת-הַיָּד הַגְּדֹלָה

אֲשֶׁר עָשָׂה ה' בְּמִצְרַיִם

וַיִּירְאוּ הָעָם אֶת-ה'...

2א. **הַשְׁלִימוּ:** הִשְׁתַּמְּשׁוּ בְּמִלִּים מֵהַשָּׁרָשִׁים ר-א-ה   י-ר-א

בְּפָסוּק י' בנ"י גַּם _____ וְגַם _____

בִּפְסוּקִים ל'–ל"א בנ"י גַּם _____ וְגַם _____

2ב. בַּמֶּה הִשְׁתַּנּוּ בנ"י? _____

_____

caused
2ג. מָה גָּרַם לבנ"י לְהִשְׁתַּנּוּת? **כִּתְבוּ** 2 דְּבָרִים.

_____

_____

3 מֹשֶׁה אָמַר לבנ"י: "ה' יִלָּחֵם לָכֶם, וְאַתֶּם תַּחֲרִשׁוּן." (פָּסוּק י"ד)

הַאִם הַהַבְטָחָה הִתְקַיְּמָה? ☐ כֵּן ☐ לֹא

• כִּי כָּתוּב בִּפְסוּקִים כ"ד –כ"ה: וַיְ [____] וַיְ [____] וַיְ [____]

• כִּי כָּתוּב בְּפָסוּק ל': " _____

" _____

4 אַתֶּם מבנ"י. כִּתְבוּ אוֹ צַיְּרוּ.

• מָה חֲשַׁבְתֶּם וּמָה הִרְגַּשְׁתֶּם כְּשֶׁשְּׁמַעְתֶּם אֶת דִּבְרֵי מֹשֶׁה? (פָּסוּק י"ג–י"ד)

_____

_____

_____

5 מָה אַתֶּם מַרְגִּישִׁים כְּשֶׁאַתֶּם קוֹרְאִים אֶת 2 הַפְּסוּקִים הָאַחֲרוֹנִים? (פְּסוּקִים ל'–ל"א)

_____

_____

6 **אֶתְגָּר:** יֵשׁ הָרוֹאִים בְּ"קְרִיעַת יַם-סוּף" (פֶּרֶק י"ד) אֶת הַמַּכָּה הָאַחֲרוֹנָה בְּמַכּוֹת מִצְרַיִם. מָה דַעְתְּכֶם?

אֲנִי מַסְכִּים / מַסְכִּימָה   אֲנִי לֹא מַסְכִּים / לֹא מַסְכִּימָה

כִּי _____   כִּי _____

_____   _____

_____   _____

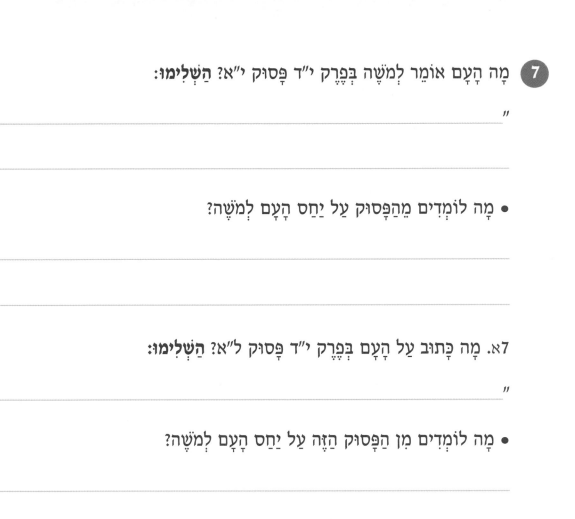

7 מָה הָעָם אוֹמֵר לְמֹשֶׁה בְּפֶרֶק י"ד פָּסוּק י"א? הַשְׁלִימוּ:

"_____

"_____

* מָה לוֹמְדִים מֵהַפָּסוּק עַל יַחַס הָעָם לְמֹשֶׁה?

_____

_____

7א. מָה כָּתוּב עַל הָעָם בְּפֶרֶק י"ד פָּסוּק ל"א? הַשְׁלִימוּ:

"_____

* מָה לוֹמְדִים מִן הַפָּסוּק הַזֶּה עַל יַחַס הָעָם לְמֹשֶׁה?

_____

7ב. לָמָּה הִשְׁתַּנָּה הַיַּחַס לְמֹשֶׁה?

_____

_____

לְסִכּוּם פֶּרֶק י"ד פְּסוּקִים ה'–ל"א

8 מַהוּ הַפָּסוּק הֶחָשׁוּב בְּיוֹתֵר בַּפֶּרֶק, לְדַעְתְּכֶם? צַטְּטוּ וְהַסְבִּירוּ.

"_____

_____ (פָּסוּק _____) "

_____

9 סַפְּרוּ לַאֲחִיכֶם הַקָּטָן עַל "הַפֶּלֶא" שֶׁקָּרָה לבנ"י כַּאֲשֶׁר יָצְאוּ מִמִּצְרַיִם.

• מָה קָרָה?

_____

_____

_____

• מָה הִרְגַּשְׁתֶּם?

_____

_____

• מָה כְּדַאי לִזְכֹּר, לְדַעְתְּכֶם?

_____

_____

_____

10 מִי הַדְּמוּת הַחֲשׁוּבָה בְּיוֹתֵר בַּפֶּרֶק, לְדַעְתְּכֶם?

ה' ☐   מֹשֶׁה ☐   פַּרְעֹה ☐   בנ"י ☐   הַסְבִּירוּ.

_____

_____

_____

בְּמָה שׁוֹנֶה סִפּוּר מִשִּׁיר?

• אַתֶּם בנ"י. עֲבַרְתֶּם אֶת יַם סוּף וּרְאִיתֶם מָה קָרָה לְמִצְרַיִם.

סַפְּרוּ אֶת הַסִּפּוּר בְּקִצּוּר. מָה קָרָה וְלָמָּה זֶה קָרָה? (פֶּרֶק י"ד פְּסוּקִים כ"א-ל"א)

_____

_____

_____

_____

• מָה אַתֶּם מַרְגִּישִׁים וּמָה אַתֶּם חוֹשְׁבִים? **כִּתְבוּ שִׁיר.**

חִשְׁבוּ עַל חֲרוּזִים, עַל חֲזָרוֹת וְגַם עַל similes, figures of speech.

_____ | _____

_____ | _____

_____ | _____

_____ | _____

• קִרְאוּ בְּקוֹל אֶת הַשִּׁיר שֶׁכְּתַבְתֶּם.

• בְּמָה הַשִּׁיר שֶׁכְּתַבְתֶּם שׁוֹנֶה מֵהַסִּפּוּר?

_____

_____

_____

שִׁירַת הַיָּם

פֶּרֶק ט"ו פְּסוּקִים א'–י"ט

"Song of the Sea" 2009 by Peter Pitzele. Used by permission of the artist.

א' אָז יָשִׁיר-מֹשֶׁה וּבְנֵי יִשְׂרָאֵל אֶת-הַשִּׁירָה הַזֹּאת לַה'
וַיֹּאמְרוּ לֵאמֹר:
"אָשִׁירָה לַה' כִּי-גָאֹה גָּאָה[1]
סוּס וְרֹכְבוֹ[2] רָמָה[3] בַיָּם.

ב' עָזִּי וְזִמְרָת יָ-הּ[4]
וַיְהִי-לִי לִישׁוּעָה[5],
זֶה אֵ-לִי וְאַנְוֵהוּ[6]
אֱ-לֹהֵי אָבִי וַאֲרֹמְמֶנְהוּ[7].

ג' ה' אִישׁ מִלְחָמָה,
ה' שְׁמוֹ.

- - - -

י"א מִי-כָמֹכָה[8] בָּאֵלִם ה'
מִי כָּמֹכָה נֶאְדָּר[9] בַּקֹּדֶשׁ,
נוֹרָא תְהִלֹּת[10]
עֹשֵׂה פֶלֶא[11].

- - - -

י"ח ה' יִמְלֹךְ לְעֹלָם וָעֶד.

- - - -

---

[1] גָּאֹה: has triumphed

[2] רֹכְבוֹ: מִי שֶׁרוֹכֵב עָלָיו (עַל הַסּוּס)

[3] רָמָה: זָרַק

[4] עָזִּי וְזִמְרָת (ז מ ר) יָ הּ: זֶמֶר - שִׁיר
God is my strength and my song

[5] וַיְהִי-לִי לִישׁוּעָה (י-ש-ע):
He has become my rescue

[6] וְאַנְוֵהוּ: and I will glorify Him

[7] וַאֲרֹמְמֶנְהוּ:
and I will declare that He is highest

[8] כָמֹכָה: כָּמוֹךָ like you

[9] נֶאְדָּר: majestic

[10] נוֹרָא תְהִלֹּת: awesome in praises

[11] פֶלֶא: wonder

בְּבַקָּשָׁה:

1 הַקִּיפוּ בְּמַלְבֵּן אֶת כָּל הַשֵּׁמוֹת שֶׁל ה'. כַּמָּה מְצָאתֶם? _____

2 סַמְּנוּ בְּוָרֹד אֶת הַשֹּׁרֶשׁ הַחוֹזֵר 3 פְּעָמִים. (פָּסוּק א') הַשֹּׁרֶשׁ הוּא: ☐☐☐

2א. סַמְּנוּ בְּוָרֹד אֶת הַשֹּׁרֶשׁ שֶׁיֵּשׁ לוֹ מַשְׁמָעוּת דּוֹמָה. (פָּסוּק ב') הַשֹּׁרֶשׁ הוּא: ☐☐☐

3 הַקֶּטַע הַזֶּה אֵינוֹ סִפּוּר. הַקֶּטַע הַזֶּה הוּא _____

4 לָמָּה הַשֵּׁם שֶׁל ה' חוֹזֵר הַרְבֵּה פְּעָמִים?

_____

5 מִי שָׁר? _____

6 עַל מָה הֵם שָׁרִים? כִּתְבוּ בִּלְשׁוֹן הַתּוֹרָה. (פְּסוּקִים א'–ב')

• עַל מָה שֶׁה' עָשָׂה לַצָּבָא שֶׁל מִצְרַיִם: "_____"

• עַל מָה שֶׁה' עָשָׂה לְיִשְׂרָאֵל: "_____"

is called

7 מִי מְכֻנֶּה בַּשִּׁיר "אִישׁ מִלְחָמָה"? _____

7א. מָה דַּעְתְּכֶם עַל הַמֶּטָפוֹרָה הַזֹּאת?

_____

_____

_____

1 סַמְּנוּ בִּצְבָעִים שׁוֹנִים אֶת הַבִּטּוּיִים הַדּוֹמִים בַּסִּפּוּר וּבַשִּׁיר.

בַּשִּׁיר (פֶּרֶק ט"ו) כָּתוּב:	בַּסִּפּוּר (פֶּרֶק י"ד) כָּתוּב:
וַיְהִי־לִי לִישׁוּעָה (פס' ב')	וַיִּרְדְּפוּ מִצְרַיִם וַיָּבֹאוּ אַחֲרֵיהֶם כֹּל סוּס פַּרְעֹה רִכְבּוֹ וּפָרָשָׁיו, אֶל־תּוֹךְ הַיָּם. (פס' כ"ג)
סוּס וְרֹכְבוֹ רָמָה בַיָּם (פס' א')	אַל־תִּירָאוּ הִתְיַצְּבוּ וּרְאוּ אֶת־יְשׁוּעַת ה' אֲשֶׁר־יַעֲשֶׂה לָכֶם הַיּוֹם... (פס' י"ג)
	ה' יִלָּחֵם לָכֶם וְאַתֶּם תַּחֲרִשׁוּן. (פס' י"ד)
ה' אִישׁ מִלְחָמָה (פס' ג')	וַיֹּאמֶר מִצְרַיִם: "אָנוּסָה מִפְּנֵי יִשְׂרָאֵל כִּי ה' נִלְחָם לָהֶם בְּמִצְרָיִם." (פס' כ"ה)

1א. בְּמָה הַסִּפּוּר שׁוֹנֶה מִן הַשִּׁיר? הַסְבִּירוּ.

• _____

• _____

• _____

1ב. מָה אַתֶּם אוֹהֲבִים יוֹתֵר? סַמְּנוּ ✓: ☐ אֶת הַשִּׁיר ☐ אֶת הַסִּפּוּר

כִּי _____

_____

2 צַיְּרוּ אֶת הַפָּסוּק "וְהַמַּיִם לָהֶם חוֹמָה מִימִינָם וּמִשְּׂמֹאלָם" (פֶּרֶק י"ד פָּסוּק כ"ב), וּבְתוֹךְ הַצִּיּוּר **כִּתְבוּ** פְּסוּקִים מִ"שִּׁירַת הַיָּם". אֶפְשָׁר לִכְתֹּב בְּ micrography.

3 מָה מֹשֶׁה וּבנ"י מַרְגִּישִׁים כַּאֲשֶׁר הֵם שָׁרִים, לְדַעְתְּכֶם? **הַסְבִּירוּ.**

_____

_____

4

שִׁירַת הַיָּם בַּתְּפִלָּה

• כָּל בֹּקֶר בִּתְפִלַּת שַׁחֲרִית אֲנַחְנוּ שָׁרִים אוֹ אוֹמְרִים אֶת **"שִׁירַת הַיָּם".**

• כָּל יוֹם, כְּשֶׁאֲנַחְנוּ מִתְפַּלְלִים, אֲנַחְנוּ שָׁרִים אוֹ אוֹמְרִים:

"מִי–כָמֹכָה"   "ה' יִמְלֹךְ לְעוֹלָם וָעֶד"

• בִּקְרִיאַת הַתּוֹרָה, כַּאֲשֶׁר אֲנַחְנוּ שׁוֹמְעִים אֶת **"שִׁירַת הַיָּם",** אֲנַחְנוּ עוֹמְדִים.

לָמָה הֶחְלִיטוּ חז"ל כָּךְ, לְדַעְתְּכֶם? **הַסְבִּירוּ.**

• כְּדֵי שֶׁנִּזְכֹּר _____

• כְּדֵי שֶׁנָּבִין _____

• כְּדֵי שֶׁנַּרְגִּישׁ _____

• מַשֶּׁהוּ אַחֵר: _____

כ׳ וַתִּקַּח מִרְיָם הַנְּבִיאָה¹ אֲחוֹת אַהֲרֹן אֶת-הַתֹּף² בְּיָדָהּ,
וַתֵּצֶאןָ כָל-הַנָּשִׁים אַחֲרֶיהָ בְּתֻפִּים וּבִמְחֹלֹת³.

כ״א וַתַּעַן⁴ לָהֶם מִרְיָם:
"שִׁירוּ לַה' כִּי-גָאֹה גָּאָה
סוּס וְרֹכְבוֹ רָמָה בַיָּם."

¹ הַנְּבִיאָה: the prophet

² תֹף (תֻּפִּים): tambourine or drum

³ וּבִמְחֹלֹת (ח-ו-ל): מָחוֹל = רִקּוּד

⁴ וַתַּעַן (ע-נ-ה): עָנְתָה

52

בְּבַקָּשָׁה:

1 הַהַתְחָלָה שֶׁל שִׁירַת מֹשֶׁה וְיִשְׂרָאֵל (פָּסוּק א') וְהַהַתְחָלָה שֶׁל שִׁירַת מִרְיָם (פָּסוּק כ"א)
הֵם כְּמוֹ "מִסְגֶּרֶת" לְשִׁירַת הַיָּם.

סַמְּנוּ אֶת הַדּוֹמֶה:

שִׁירַת מִרְיָם (פָּסוּק כ"א)	**שִׁירַת מֹשֶׁה וְיִשְׂרָאֵל** (פָּסוּק א')
שִׁירוּ לַה' כִּי־גָאֹה גָּאָה סוּס וְרֹכְבוֹ רָמָה בַיָּם.	אָשִׁירָה לַה' כִּי־גָאֹה גָּאָה סוּס וְרֹכְבוֹ רָמָה בַיָּם.

2 בְּאֵיזֶה סִפּוּר לָמַדְנוּ עַל מִרְיָם בַּפַּעַם הָרִאשׁוֹנָה?

_____

2א. מָה הִיא עָשְׂתָה? _____

_____

3 הַשְׁווּ בֵּין סִפּוּר הֻלֶּדֶת מֹשֶׁה (שְׁמוֹת פֶּרֶק ב') לְסִפּוּר קְרִיעַת יַם סוּף.

קְרִיעַת הַיָּם (פֶּרֶק ט"ו)	הֻלֶּדֶת מֹשֶׁה (פֶּרֶק ב')	
		מִי נִצַּל? was saved
		מִי הַמַּצִּיל?
		אֵיפֹה זֶה קָרָה?

4 מִרְיָם רוֹקֶדֶת וְשָׁרָה.

כִּתְבוּ מָה הִיא זוֹכֶרֶת וּמָה הִיא מַרְגִּישָׁה?

_____

_____

_____

_____

_____

5 בנ״י שְׂמֵחִים שֶׁה׳ הִצִּיל אוֹתָם מִפַּרְעֹה וּמֵהַצָּבָא שֶׁלּוֹ.

מִי לֹא שָׂמֵחַ? _____

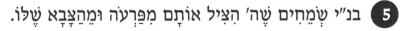

_____

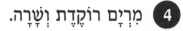

praise
אַחֲרֵי קְרִיעַת יַם סוּף, הַמַּלְאָכִים רָצוּ לָשִׁיר שִׁירֵי הַלֵּל לַה'.

are drowning
ה' אָמַר לָהֶם: "מַעֲשֵׂי יָדַי טוֹבְעִים בַּיָּם וְאַתֶּם אוֹמְרִים שִׁירָה?!"

• מִי הֵם "מַעֲשֵׂי יָדָיו" שֶׁל ה'? _____

• לָמָּה, לְפִי הַמִּדְרָשׁ, לַמַּלְאָכִים אָסוּר לִשְׂמֹחַ?

_____

_____

• מָה אֲנַחְנוּ לוֹמְדִים מֵהַמִּדְרָשׁ?

_____

_____

6 קִרְאוּ אֶת הַיְדַעְתֶּם וְכִתְבוּ:

לָמָּה חָשׁוּב שֶׁהַשִּׂמְחָה לֹא תִּהְיֶה שְׁלֵמָה?

_____

_____

_____

_____

6א. מָה דַּעְתְּכֶם עַל הַמִּנְהָג הַזֶּה?

_____

מֵי מָרָה

פֶּרֶק ט״ו פְּסוּקִים כ״ב-כ״ז

כ"ב וַיַּסַּע[1] מֹשֶׁה אֶת-יִשְׂרָאֵל מִיַּס-סוּף
וַיֵּצְאוּ אֶל-מִדְבַּר-שׁוּר,
וַיֵּלְכוּ שְׁלֹשֶׁת-יָמִים בַּמִּדְבָּר
וְלֹא-מָצְאוּ מָיִם.

כ"ג וַיָּבֹאוּ מָרָתָה[2]
וְלֹא יָכְלוּ לִשְׁתֹּת מַיִם מִמָּרָה
כִּי מָרִים הֵם,
עַל-כֵּן[3] קָרָא-שְׁמָהּ[4] "מָרָה".

כ"ד וַיִּלֹּנוּ[5] הָעָם עַל-מֹשֶׁה לֵּאמֹר:
"מַה-נִּשְׁתֶּה?"

כ"ה וַיִּצְעַק אֶל-ה'
וַיּוֹרֵהוּ[6] ה' עֵץ וַיַּשְׁלֵךְ אֶל-הַמַּיִם
וַיִּמְתְּקוּ[7] הַמָּיִם,
שָׁם שָׂם לוֹ[8] חֹק וּמִשְׁפָּט[9] וְשָׁם נִסָּהוּ[10].

1	**וַיַּסַּע** (נ-ס-ע): הוּא הוֹבִיל had (the Israelites) travel
2	**מָרָתָה** (מָרָה+ה): אֶל מָרָה (מָקוֹם)
3	**עַל-כֵּן**: לָכֵן
4	**קָרָא-שְׁמָהּ**: it was called
5	**וַיִּלֹּנוּ** (ל-ו-נ): הֵם הִתְלוֹנְנוּ grumbled, complained
6	**וַיּוֹרֵהוּ**: הוּא הֶרְאָה לוֹ He (God) showed him
7	**וַיִּמְתְּקוּ** (מ-ת-ק): הָיוּ מְתוּקִים
8	**שָׂם לוֹ**: נָתַן לוֹ
9	**חֹק** (ח-ק-ק) **וּמִשְׁפָּט** (ש-פ-ט): law and judgment
10	**נִסָּהוּ** (נ-ס-ה): נִסָּה אוֹתוֹ tested him

כ"ו   וַיֹּאמֶר: "אִם־שָׁמוֹעַ תִּשְׁמַע לְקוֹל ה' אֱ-לֹהֶיךָ

וְהַיָּשָׁר[11] בְּעֵינָיו תַּעֲשֶׂה

וְהַאֲזַנְתָּ[12] לְמִצְוֹתָיו

וְשָׁמַרְתָּ כָּל־חֻקָּיו,

כָּל־הַמַּחֲלָה[13] אֲשֶׁר־שַׂמְתִּי בְמִצְרַיִם

לֹא־אָשִׂים עָלֶיךָ

כִּי אֲנִי ה' רֹפְאֶךָ."

כ"ז   וַיָּבֹאוּ אֵילְמָה[14]

וְשָׁם שְׁתֵּים עֶשְׂרֵה עֵינֹת[15] מַיִם וְשִׁבְעִים תְּמָרִים,

וַיַּחֲנוּ־שָׁם עַל־הַמָּיִם.

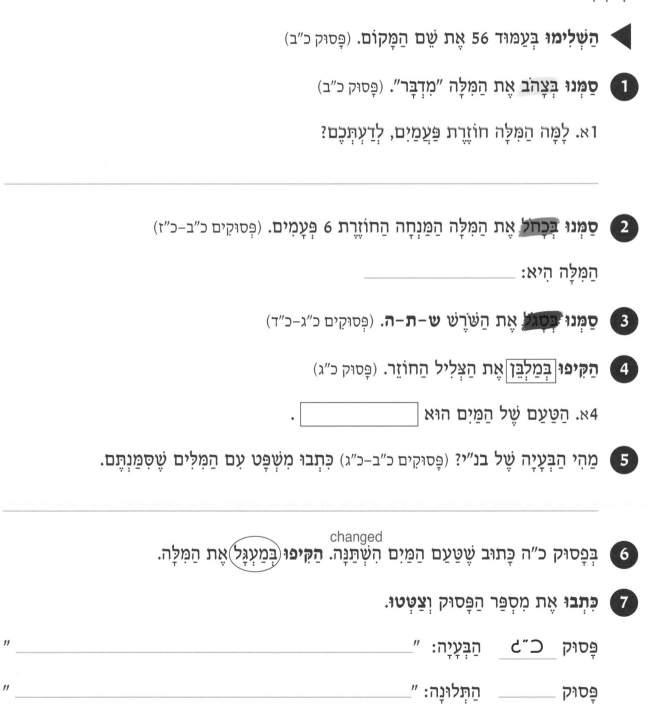

בְּבַקָּשָׁה:

◀ **הַשְׁלִימוּ** בְּעַמּוּד 56 אֶת שֵׁם הַמָּקוֹם. (פָּסוּק כ"ב)

1 **סַמְּנוּ** בְּצָהֹב אֶת הַמִּלָּה "מִדְבָּר". (פָּסוּק כ"ב)

1א. לָמָּה הַמִּלָּה חוֹזֶרֶת פַּעֲמַיִם, לְדַעְתְּכֶם?

_____

2 **סַמְּנוּ** בְּכָחֹל אֶת הַמִּלָּה הַמַּנְחָה הַחוֹזֶרֶת 6 פְּעָמִים. (פְּסוּקִים כ"ב–כ"ז)

הַמִּלָּה הִיא: _____

3 **סַמְּנוּ** בְּסָגֹל אֶת הַשֹּׁרֶשׁ שׁ-ת-ה. (פְּסוּקִים כ"ג–כ"ד)

4 **הַקִּיפוּ** בְּמַלְבֵּן אֶת הַצְּלִיל הַחוֹזֵר. (פָּסוּק כ"ג)

4א. הַטַּעַם שֶׁל הַמַּיִם הוּא [_____] .

5 מַהִי הַבְּעָיָה שֶׁל בנ"י? (פְּסוּקִים כ"ב–כ"ג) כִּתְבוּ מִשְׁפָּט עִם הַמִּלִּים שֶׁסִּמַּנְתֶּם.

6 בְּפָסוּק כ"ה כָּתוּב שֶׁטַּעַם הַמַּיִם הִשְׁתַּנָּה. changed **הַקִּיפוּ** בְּמַעְגָּל אֶת הַמִּלָּה.

7 **כִּתְבוּ** אֶת מִסְפַּר הַפָּסוּק וְצַטְּטוּ.

פָּסוּק _כ"ב_ הַבְּעָיָה: " _____ "

פָּסוּק ____ הַתְּלוּנָה: " _____ "

פָּסוּק ____ הַפִּתְרוֹן: " _____ "

8 לָמָּה קָרְאוּ לַמָּקוֹם "מָרָה"? _____

9 אֲנַחְנוּ מְבִינִים שֶׁ"מֵי מָרָה" הוּא סִפּוּר שֶׁל נִסָּיוֹן, כִּי כָּתוּב: (פָּסוּק כ"ה)

" _____ "

10 הַשְׁלִימוּ: אִם... אָז...   בִּלְשׁוֹנֵנוּ אוֹ בִּלְשׁוֹן הַתּוֹרָה. (פָּסוּק כ"ו)

אִם תִּשְׁמַע _____

_____ אִם תַּעֲשֶׂה

_____ אִם תַּאֲזִין

_____ אִם תִּשְׁמֹר

_____ אָז

11 מָה אֲנַחְנוּ לוֹמְדִים עַל הַיְחָסִים שֶׁה' רוֹצֶה שֶׁיִּהְיוּ בֵּינוֹ לְבֵין הָעָם? (פָּסוּק כ"ו)

_____

_____

reward
12 אֵיזֶה שָׂכָר יְקַבְּלוּ בנ"י אִם יַעֲשׂוּ כְּדִבְרֵי ה'? _____

_____

13 מִי מְתֹאָר בְּפָסוּק כ"ו כְּרוֹפֵא? _____

13א. בְּאֵיזוֹ תְּפִלָּה אֲנַחְנוּ חוֹזְרִים עַל הַמֶּטָפוֹרָה הַזֹּאת?

" _____ "

◀ **הַשְׁלִימוּ** בְּעַמוּד 56 אֶת שֵׁם הַמָּקוֹם. (פָּסוּק כ"ז)

14 נְסַכֵּם:

• **כִּתְבוּ** אֶת פְּסוּקֵי הַמִּסְגֶּרֶת **וְהַדְגִּישׁוּ** אֶת הַמִּלִּים הַחוֹזְרוֹת.

• מָה קָרָה בֵּין הַהַתְחָלָה לְבֵין הַסּוֹף? **כִּתְבוּ** אוֹ **צַיְּרוּ** בְּתוֹךְ הַמִּסְגֶּרֶת.

פָּסוּק כ"ב: "
_____

_____ "

פָּסוּק כ"ז: "
_____

_____ "

1 בנ"י מִתְלוֹנְנִים. מָה לוֹמְדִים מִזֶּה עַל הַיַּחַס שֶׁל בנ"י כְּלַפֵּי ה'?

_____

if they had trusted
1א. מָה הָיוּ בנ"י עוֹשִׂים אִלוּ הֶאֱמִינוּ בַּה', לְדַעְתְּכֶם?

_____

2 לָמָּה הָעָם מִתְלוֹנֵן בִּפְנֵי מֹשֶׁה וְלֹא בִּפְנֵי ה', לְדַעְתְּכֶם? (פָּסוּק כ"ד)

_____

active
3 מִי הִיא הַדְּמוּת הַפּוֹעֶלֶת? (פָּסוּק כ"ה)

- "וַיִּצְעַק": _____

- "וַיּוֹרֵהוּ": _____

- "וַיָּשֵׂם לֶךְ": _____

3א. לָמָּה ה' לֹא פּוֹעֵל בְּעַצְמוֹ, לְדַעְתְּכֶם?

_____

4 מִי נִסָּה אֶת מִי? (פָּסוּק כ״ה) **כִּתְבוּ 2** אֶפְשָׁרֻיּוֹת.

● _____

● _____

4א. מָה לָמַד **ה׳ עַל בנ״י** מִן הַנִּסָּיוֹן? _____

_____

4ב. מָה לָמְדוּ **בנ״י עַל ה׳** מִן הַנִּסָּיוֹן? _____

_____

5 ה׳ אָמַר לבנ״י שֶׁאִם הֵם יַעֲשׂוּ כִּדְבָרָיו הוּא יִתֵּן לָהֶם שָׂכָר. לָמָּה?
reward

_____

6 בְּסוֹף הַסִּפּוּר עַל קְרִיעַת יַם-סוּף כָּתוּב:

וַיַּרְא הָעָם אֶת ה׳ וַיַּאֲמִינוּ בַּה׳ וּבְמֹשֶׁה עַבְדּוֹ (פֶּרֶק י״ד פָּסוּק ל״א)

בַּסִּפּוּר עַל מֵי מָרָה כָּתוּב:

וַיִּלֹנוּ הָעָם עַל-מֹשֶׁה (פֶּרֶק ט״ו פָּסוּק כ״ד)

trusted
● אֵילוּ מִלִּים מַרְאוֹת שֶׁבנ״י הֶאֱמִינוּ בְּמֹשֶׁה? _____

● אֵיזוֹ מִלָּה מַרְאָה שֶׁבנ״י לֹא הֶאֱמִינוּ בְּמֹשֶׁה? _____

6א. לָמָּה הִפְסִיקוּ בנ״י לְהַאֲמִין, לְדַעְתְּכֶם?

_____

_____

_____

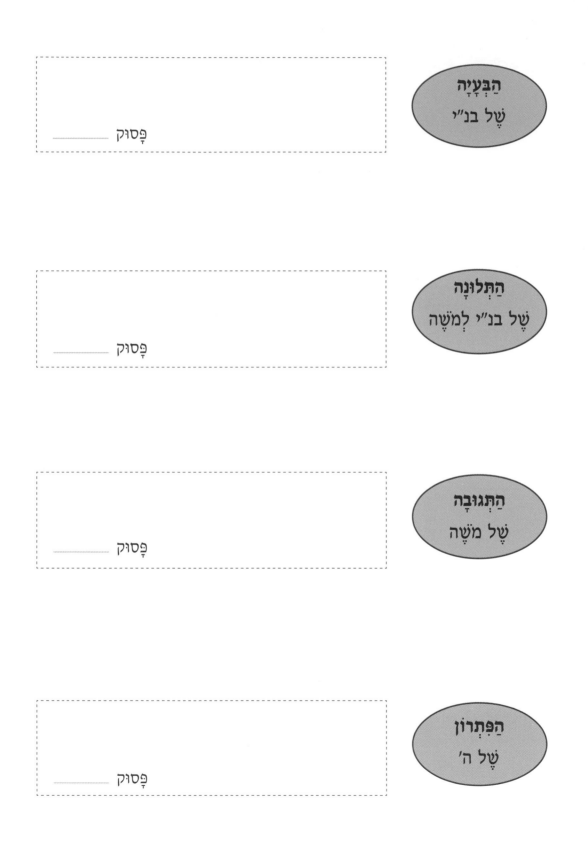

הַבְּעָיָה
שֶׁל בנ"י

פָּסוּק _____

הַתְּלוּנָה
שֶׁל בנ"י לְמֹשֶׁה

פָּסוּק _____

הַתְּגוּבָה
שֶׁל מֹשֶׁה

פָּסוּק _____

הַפִּתָּרוֹן
שֶׁל ה'

פָּסוּק _____

8 אַתֶּם מִבְּנֵי יִשְׂרָאֵל. אַתֶּם הוֹלְכִים 3 יָמִים בַּמִּדְבָּר וְלֹא מוֹצְאִים מַיִם.

מָה אַתֶּם חוֹשְׁבִים וּמָה אַתֶּם מַרְגִּישִׁים?

כִּתְבוּ בַּיּוֹמָן:

בַּיּוֹם הָרִאשׁוֹן _____

בַּיּוֹם הַשֵּׁנִי _____

בַּיּוֹם הַשְּׁלִישִׁי _____

הִגַּעְתִּי לְמָרָה וְהַמַּיִם הָיוּ מָרִים.

חָשַׁבְתִּי _____

_____

הִרְגַּשְׁתִּי _____

_____

עַכְשָׁו אֲנִי רוֹצֶה / רוֹצָה

_____

_____

_____

הַמָּן וְהַשְּׂלָו

פֶּרֶק ט"ז פְּסוּקִים א'–ל"ו

סֻכֹּת
אֵתָם
פִּי הַחִרֹת
מִדְבַּר שׁוּר
אֵילִם

א' וַיִּסְעוּ מֵאֵילִם

וַיָּבֹאוּ כָּל-עֲדַת1 בְּנֵי-יִשְׂרָאֵל אֶל-מִדְבַּר-סִין

אֲשֶׁר בֵּין-אֵילִם וּבֵין סִינָי,

בַּחֲמִשָּׁה עָשָׂר יוֹם לַחֹדֶשׁ הַשֵּׁנִי

לְצֵאתָם2 מֵאֶרֶץ מִצְרָיִם.

ב' וַיִּלּוֹנוּ (וַיִּלּוֹנוּ)3 כָּל-עֲדַת בְּנֵי-יִשְׂרָאֵל

עַל-מֹשֶׁה וְעַל-אַהֲרֹן בַּמִּדְבָּר.

ג' וַיֹּאמְרוּ אֲלֵהֶם בְּנֵי יִשְׂרָאֵל:

"מִי-יִתֵּן4 מוּתֵנוּ5 בְיַד-ה' בְּאֶרֶץ מִצְרַיִם

בְּשִׁבְתֵּנוּ6 עַל-סִיר הַבָּשָׂר

בְּאָכְלֵנוּ7 לֶחֶם8 לָשֹׂבַע9,

כִּי-הוֹצֵאתֶם אֹתָנוּ אֶל-הַמִּדְבָּר הַזֶּה

לְהָמִית אֶת-כָּל-הַקָּהָל10 הַזֶּה

בָּרָעָב11."

1 **עֲדַת:** עֵדָה שֶׁל community of

2 **לְצֵאתָם** (י-צ-א): מֵאָז שֶׁיָּצְאוּ

3 **וַיִּלּוֹנוּ** (ל-ו-נ): הֵם הִתְלוֹנְנוּ they complained

4 **מִי-יִתֵּן:** הַלְוַאי if only!

5 **מוּתֵנוּ** (מ-ו-ת): שֶׁאֲנַחְנוּ נָמוּת

6 **בְּשִׁבְתֵּנוּ** (י-ש-ב): כַּאֲשֶׁר יָשַׁבְנוּ

7 **בְּאָכְלֵנוּ** (א-כ-ל): כַּאֲשֶׁר אָכַלְנוּ

8 **לֶחֶם:** 1. לֶחֶם 2. בָּשָׂר

9 **לָשֹׂבַע:** until we were satisfied

10 **הַקָּהָל:** the community

11 **בָּרָעָב:** by starvation

ד׳ וַיֹּאמֶר ה׳ אֶל־מֹשֶׁה:

"הִנְנִי מַמְטִיר[12] לָכֶם לֶחֶם מִן־הַשָּׁמָיִם,

וְיָצָא הָעָם וְלָקְטוּ[13] דְּבַר־יוֹם בְּיוֹמוֹ[14]

לְמַעַן אֲנַסֶּנּוּ[15]

הֲיֵלֵךְ[16] בְּתוֹרָתִי אִם־לֹא.

ה׳ וְהָיָה בַּיּוֹם הַשִּׁשִּׁי וְהֵכִינוּ[17] אֵת אֲשֶׁר־יָבִיאוּ,

וְהָיָה מִשְׁנֶה[18] עַל אֲשֶׁר[19]־יִלְקְטוּ יוֹם יוֹם."

12	מַמְטִיר (מ-ט-ר): מוֹרִיד כְּמוֹ גֶּשֶׁם
13	וְלָקְטוּ (ל-ק-ט): אָסְפוּ מֵהָאֲדָמָה
14	דְּבַר־יוֹם בְּיוֹמוֹ: each day's amount in its day
15	אֲנַסֶּנּוּ (נ-ס-ה): אֲנַסֶּה אוֹתוֹ (אֶת הָעָם)
16	הֲיֵלֵךְ (ה-ל-כ): הַאִם יֵלֵךְ
17	וְהֵכִינוּ: they will prepare
18	מִשְׁנֶה (ש-נ-ה): כָּפוּל, פִּי שְׁנַיִם
19	עַל אֲשֶׁר: to what

בְּבַקָשָׁה:

◀ **הַשְׁלִימוּ** בְּעַמוּד 66 אֶת שֵׁם הַמָּקוֹם. (פָּסוּק א')

1 **סַמְּנוּ** בְּצָהֹב אֶת הַמִּלָה **"מִדְבָּר"**. (פְּחוּקְיַח א'–ה')

1א. לָמָה הַמִּלָה חוֹזֶרֶת, לְדַעְתְּכֶם?

_____

2 מָה בנ"י עָשׂוּ? **סַמְּנוּ** בּוָרֹד אֶת הַפֹּעַל. (פָּסוּק ב')

3 **סַמְּנוּ** בְּיָרֹק אֶת דִּבְרֵי בנ"י. (פָּסוּק ג')

3א. בנ"י זָכְרוּ 2 דְּבָרִים, **הַשְׁלִימוּ**:

הֵם יָשְׁבוּ _____

הֵם אָכְלוּ _____

3ב. מַהִי הַבְּעָיָה שֶׁל בנ"י?

4 **הַקִּיפוּ** בְּמַלְבֵּן אֶת הַשֹּׁרֶשׁ הַחוֹזֵר בְּדִבְרֵי בנ"י.

4א. מִמָּה בנ"י פָּחֲדוּ? _____

5 עַל מִי בנ"י מִתְלוֹנְנִים "כִּי הוֹצֵאתֶם"? (פָּסוּק ג')

6 סַמְּנוּ בְּכָחֹל אֶת דִּבְרֵי ה'. (פְּסוּקִים ד'–ה')

6א. מָה הַפִּתְרוֹן, לְפִי דִבְרֵי ה'? (פָּסוּק ד')

_____

6ב. מָה בנ"י יַעֲשׂוּ, וּמָתַי? (פָּסוּק ד')

_____

7 מַהִי הַמַּטָּרָה שֶׁל ה'? (פָּסוּק ד') _____

_____

8 בַּמָּה שׁוֹנֶה הַיּוֹם הַשִּׁשִּׁי מִן הַיָּמִים הָאֲחֵרִים? (פָּסוּק ה')

_____

8א. בְּיָמֵינוּ יֵשׁ מִנְהָג שֶׁמַּזְכִּיר אֶת הָרַעְיוֹן הַזֶּה:

לִפְנֵי שַׁבָּת מְכִינִים מַסְפִּיק אֹכֶל לְכָל הַשַּׁבָּת.

בְּשַׁבָּת יֵשׁ עַל הַשֻּׁלְחָן שְׁתֵּי _____ .

צַיְּרוּ מִשְׁפָּחָה הַיּוֹשֶׁבֶת סְבִיב הַשֻּׁלְחָן בְּעֶרֶב שַׁבָּת.

תִּקְבֹּלֶת נִרְדֶּפֶת

פָּסוּק שֶׁיֵּשׁ בּוֹ לְפָחוֹת 2 חֲלָקִים.
מָה שֶׁכָּתוּב בְּחֵלֶק ב׳
דּוֹמֶה לְמָה שֶׁכָּתוּב בְּחֵלֶק א׳
בַּמִּלִּים וּבָרַעְיוֹן.

synonymous

בְּפָסוּק ג׳ יֵשׁ תִּקְבֹּלֶת נִרְדֶּפֶת:

...בְּשִׁבְתֵּנוּ עַל סִיר הַבָּשָׂר בְּאָכְלֵנוּ לֶחֶם לָשׂבַע...

1 כִּתְבוּ אֶת הַמִּלִּים הַנִּרְדָּפוֹת (הַדּוֹמוֹת):

בְּשִׁבְתֵּנוּ	דּוֹמֶה ל	
	דּוֹמֶה ל	

1א. **צִבְעוּ** בַּצְּבָעִים הַמַּתְאִימִים אֶת הַמִּלִּים הַנִּרְדָּפוֹת בַּפָּסוּק. (פָּסוּק ג׳)

1ב. **חַלְּקוּ** אֶת הַפָּסוּק לִשְׁנֵי חֲלָקִים **וְכִתְבוּ:**

_____ / _____

1ג. אֵיזֶה רַעְיוֹן חוֹזֵר בִּשְׁנֵי הַחֲלָקִים שֶׁל הַפָּסוּק?

_____

_____

2 שַׁאֲלוּ שְׁאֵלוֹת:

?♦

?♦

בְּשִׁבְתֵּנוּ עַל-סִיר הַבָּשָׂר
בְּאָכְלֵנוּ לֶחֶם לָשֹׂבַע
(פָּסוּק ג')

?♦

2א. **בַּחֲרוּ** אַחַת מֵהַשְּׁאֵלוֹת וַעֲנוּ עָלֶיהָ.

_____

_____

3 בנ"י מִתְלוֹנְנִים שׁוּב. מָה אַתֶּם אוֹמְרִים לָהֶם?

_____

_____

4 אֵיךְ ה' מֵגִיב לַתְּלוּנָה שֶׁל בנ"י? _____

_____

4א. לָמָה זֹאת הַתְּגוּבָה, לְדַעְתְּכֶם? _____

_____

_____

5 ה' אוֹמֵר: "לְמַעַן אֲנַסֶּנּוּ הֲיֵלֵךְ בְּתוֹרָתִי אִם־לֹא." (פָּסוּק ד')

pass the test

אֵיךְ ה' "יֵדַע" שֶׁבנ"י עוֹמְדִים בַּנִּסָּיוֹן?

● אִם בַּיּוֹם הַשִּׁשִּׁי הֵם _____

● אִם בַּיּוֹם הַשְּׁבִיעִי הֵם _____

6 ✦ **אֶתְגָּר:** לְדַעְתְּכֶם, בנ"י יַעַמְדוּ בַּנִּסָּיוֹן אוֹ לֹא? **הַסְבִּירוּ.**

_____

_____

7 מָה בנ"י יִלְמְדוּ אִם הֵם יְלַקְטוּ כָּל יוֹם, לְדַעְתְּכֶם?

_____

_____

8 ✦ **אֶתְגָּר:** לָמָּה ה' רוֹצֶה שֶׁבנ"י יְלַקְטוּ כָּל יוֹם, לְדַעְתְּכֶם? **כִּתְבוּ לְפָחוֹת 2 דְּבָרִים**

_____

_____

9 כִּתְבוּ אֶת חֵלֶק הַפָּסוּק הַמַּתְאִים. (פְּסוּקִים א'–ה')

הַתְּלוּנָה
שֶׁל בנ"י לְמֹשֶׁה

" _____ "

הַפִּתְרוֹן
שֶׁל ה'

" _____ "

הַנִּסָּיוֹן

" _____ "

י"א וַיְדַבֵּר ה' אֶל-מֹשֶׁה לֵּאמֹר:

י"ב "שָׁמַעְתִּי אֶת-תְּלוּנֹת בְּנֵי יִשְׂרָאֵל
דַּבֵּר אֲלֵהֶם לֵאמֹר:
'בֵּין הָעַרְבַּיִם[1] תֹּאכְלוּ בָשָׂר וּבַבֹּקֶר תִּשְׂבְּעוּ[2]-לָחֶם,
וִידַעְתֶּם כִּי אֲנִי ה' אֱ-לֹהֵיכֶם.' "

בֵּין הָעַרְבַּיִם: בָּעֶרֶב	**1**
you will be satisfied: תִּשְׂבְּעוּ	**2**
וַתַּעַל (ע-ל-ה): עָלְתָה	**3**
quail: שְׂלָו	**4**
וַתְּכַס (כ-ס-ה): הִיא כִּסְתָה covered	**5**
the camp: הַמַּחֲנֶה	**6**
a layer of dew: שִׁכְבַת הַטָּל	**7**
thin: דַּק	**8**
scaly: מְחֻסְפָּס	**9**
like frozen dew: כַּכְּפֹר	**10**
מָן הוּא: מָה הוּא	**11**
לְאָכְלָה (א-כ-ל): לֶאֱכֹל אוֹתָהּ	**12**

י"ג וַיְהִי בָעֶרֶב וַתַּעַל[3] הַשְּׂלָו[4]
וַתְּכַס[5] אֶת-הַמַּחֲנֶה[6],
וּבַבֹּקֶר הָיְתָה שִׁכְבַת הַטָּל[7] סָבִיב לַמַּחֲנֶה.

י"ד וַתַּעַל שִׁכְבַת הַטָּל,
וְהִנֵּה עַל-פְּנֵי הַמִּדְבָּר דַּק[8] מְחֻסְפָּס[9]
דַּק כַּכְּפֹר[10] עַל-הָאָרֶץ.

שְׂלָו (quail)

ט"ו וַיִּרְאוּ בְנֵי-יִשְׂרָאֵל
וַיֹּאמְרוּ אִישׁ אֶל-אָחִיו: "מָן הוּא[11]?"
כִּי לֹא יָדְעוּ מַה-הוּא,
וַיֹּאמֶר מֹשֶׁה אֲלֵהֶם:
"הוּא הַלֶּחֶם אֲשֶׁר נָתַן ה' לָכֶם לְאָכְלָה[12]."

ט״ז   זֶה הַדָּבָר אֲשֶׁר צִוָּה ה':

'לִקְטוּ מִמֶּנּוּ אִישׁ לְפִי אָכְלוֹ13,

עֹמֶר14 לַגֻּלְגֹּלֶת15 מִסְפַּר נַפְשֹׁתֵיכֶם16

אִישׁ לַאֲשֶׁר בְּאָהֳלוֹ17 תִּקָּחוּ.'"

י״ז   וַיַּעֲשׂוּ-כֵן בְּנֵי יִשְׂרָאֵל,

וַיִּלְקְטוּ הַמַּרְבֶּה18 וְהַמַּמְעִיט19.

---

13 **אִישׁ לְפִי אָכְלוֹ**: כָּל אִישׁ, כַּמָּה שֶׁהוּא צָרִיךְ

14 **עֹמֶר**: (a measurement; about 2 quarts)

15 **לַגֻּלְגֹּלֶת**: לָאָדָם

16 **נַפְשֹׁתֵיכֶם** (נ-פ-ש): בְּנֵי אָדָם

17 **אִישׁ לַאֲשֶׁר בְּאָהֳלוֹ**: כְּמִסְפָּר בְּכָל אֹהֶל

18 **הַמַּרְבֶּה**: מִי שֶׁצָּרִיךְ הַרְבֵּה

19 **הַמַּמְעִיט** (מ-ע-ט): מִי שֶׁצָּרִיךְ מְעַט

בְּבַקָשָׁה:

1 סַמְּנוּ בְּעַמוּד 74: עֶרֶב בֹּקֶר

2 הַקִּיפוּ בְּמַלְבֵּן אֶת הַשֹּׁרֶשׁ ע-ל-ה.

3 הַשְׁלִימוּ (פָּסוּק י"ג): "בָּעֶרֶב" עָלְתָה _____ "וּבַבֹּקֶר" הָיָה _____ .

3א. מָה לוֹמְדִים מֵהַבִּטּוּיִים "בַּבֹּקֶר" וּ"בָעֶרֶב"?

_____

_____

4 לָמָה הַלֶּחֶם נִקְרָא "מָן"? (פָּסוּק ט"ז)

_____

_____

1 בַּתְּגוּבָה שֶׁל ה' שׁוֹמְעִים אֶת הַתְּלוּנָה שֶׁל בנ"י.

כִּתְבוּ אֶת הַתְּלוּנָה הַמַּתְאִימָה לַתְּגוּבָה וְ**צִבְעוּ** אֶת הַמִּלִים הַדוֹמוֹת.

הַתְּגוּבָה שֶׁל ה' (פָּסוּק י"ב)	הַתְּלוּנָה שֶׁל בנ"י (פָּסוּק ג')
"בֵּין הָעַרְבַּיִם תֹּאכְלוּ בָשָׂר וּבַבֹּקֶר תִּשְׂבְּעוּ-לָחֶם"	" _____ " " _____ "

76

1א. **הַשְׁלִימוּ:**

לִבְנֵ"י אֵין _____

ה' יִתֵּן לִבְנֵ"י _____

1ב. מָה אֲנַחְנוּ לוֹמְדִים עַל ה' מִן הַמִּלִים הַחוֹזְרוֹת?

_____

2 בְּפָסוּק י"ב יֵשׁ תִּקְבֹּלֶת נִרְדֶּפֶת.

בֵּין הָעַרְבַּיִם תֹּאכְלוּ בָשָׂר וּבַבֹּקֶר תִּשְׂבְּעוּ–לָחֶם

2א. **הַשְׁלִימוּ** אֶת הַתִּקְבֹּלֶת.

| בֵּין הָעַרְבַּיִם | _____ |

| _____ | תִּשְׂבְּעוּ |

| _____ | בָּשָׂר |

2ב. **צִבְעוּ** בַּצְּבָעִים הַמַּתְאִימִים אֶת הַמִּלִים הַנִּרְדָּפוֹת. (פָּסוּק י"ב)

2ג. הַתִּקְבֹּלֶת הַנִּרְדֶּפֶת מַדְגִּישָׁה 2 דְּבָרִים. **הַשְׁלִימוּ.**

* מָה הֵם יֹאכְלוּ: _____ וּ _____

* מָתַי הֵם יֹאכְלוּ: בַּ _____ וּבַ _____

3 ה' אוֹמֵר שבנ"י יֵדְעוּ "כִּי אֲנִי ה'". (פָּסוּק י"ב)

לְמָה ה' מִתְכַּוֵּן, לְדַעְתְּכֶם? **הַשְׁלִימוּ אֶת הַמִּשְׁפָּט.**

* בנ"י יֵדְעוּ שֶׁ _____

* בנ"י יֵדְעוּ שֶׁ _____

* בנ"י יֵדְעוּ שֶׁ _____

4 ה' אוֹמֵר לבנ"י **כַּמָּה** לְלַקֵּט. (פָּסוּק ט"ז)

מָה ה' רוֹצֶה לְלַמֵּד אֶת בנ"י, לְדַעְתְּכֶם? כִּתְבוּ לְפָחוֹת 2 תְּשׁוּבוֹת.

_____

_____

_____

4א. הַאִם בנ"י לָמְדוּ, לְדַעְתְּכֶם? (פָּסוּק י"ז): ☐ כֵּן ☐ לֹא

כִּי כָּתוּב:

" _____ "

מַסָּה וּמְרִיבָה

פֶּרֶק י"ז פְּסוּקִים א'–ז'

אֵילִם   פִּי הַחִרֹת   סֻכֹּת

אֵתָם

מִדְבַּר שׁוּר   מִדְבַּר סִין

א' וַיִּסְעוּ כָּל־עֲדַת בְּנֵי־יִשְׂרָאֵל מִמִּדְבַּר־סִין

לְמַסְעֵיהֶם[1] עַל־פִּי ה',

וַיַּחֲנוּ בִּרְפִידִים

וְאֵין מַיִם לִשְׁתֹּת הָעָם.

ב' וַיָּרֶב[2] הָעָם עִם־מֹשֶׁה וַיֹּאמְרוּ:

"תְּנוּ־לָנוּ מַיִם וְנִשְׁתֶּה,"

וַיֹּאמֶר לָהֶם מֹשֶׁה:

"מַה־תְּרִיבוּן[3] עִמָּדִי?

מַה־תְּנַסּוּן[4] אֶת־ה'?"

ג' וַיִּצְמָא שָׁם הָעָם לַמַּיִם

וַיָּלֶן[5] הָעָם עַל־מֹשֶׁה,

וַיֹּאמֶר: "לָמָּה זֶּה הֶעֱלִיתָנוּ[6] מִמִּצְרַיִם

לְהָמִית[7] אֹתִי וְאֶת־בָּנַי וְאֶת־מִקְנַי[8] בַּצָּמָא[9]?"

ד' וַיִּצְעַק מֹשֶׁה אֶל־ה' לֵאמֹר:

"מָה אֶעֱשֶׂה לָעָם הַזֶּה,

עוֹד מְעַט וּסְקָלֻנִי[10]."

1 לְמַסְעֵיהֶם (מ-ס-ע): לַנְּסִיעוֹת שֶׁלָּהֶם

2 וַיָּרֶב (ר-י-ב): (הָעָם) רָב argued

3 תְּרִיבוּן (ר-י-ב) עִמָּדִי: תָּרִיבוּ אִתִּי

4 תְּנַסּוּן (נ-ס-ה): אַתֶּם תְּנַסּוּ

5 וַיָּלֶן (ל-ו-נ): (הָעָם) הִתְלוֹנֵן complained

6 הֶעֱלִיתָנוּ (ע-ל-ה): הֶעֱלֵיתָ אוֹתָנוּ

7 לְהָמִית (מ-ו-ת): to put to death

8 מִקְנַי: מִקְנֶה = צֹאן וּבָקָר

9 בַּצָּמָא (צ-מ-א): with thirst

10 וּסְקָלֻנִי (ס-ק-ל): הֵם יִזְרְקוּ עָלַי אֲבָנִים (לְהָמִית אוֹתִי)

ה׳ וַיֹּאמֶר ה׳ אֶל־מֹשֶׁה:

"עֲבֹר לִפְנֵי הָעָם

וְקַח אִתְּךָ מִזִּקְנֵי יִשְׂרָאֵל,

וּמַטְּךָ אֲשֶׁר הִכִּיתָ בּוֹ אֶת־הַיְאֹר

קַח בְּיָדְךָ

וְהָלָכְתָּ.

ו׳ הִנְנִי עֹמֵד לְפָנֶיךָ שָׁם עַל־הַצּוּר[11] בְּחֹרֵב[12]

וְהִכִּיתָ[13] בַצּוּר וְיָצְאוּ מִמֶּנּוּ מַיִם

וְשָׁתָה הָעָם,"

וַיַּעַשׂ כֵּן מֹשֶׁה לְעֵינֵי זִקְנֵי יִשְׂרָאֵל.

ז׳ וַיִּקְרָא שֵׁם הַמָּקוֹם מַסָּה[14] וּמְרִיבָה[15],

עַל־רִיב בְּנֵי יִשְׂרָאֵל

וְעַל נַסֹּתָם[16] אֶת־ה׳ לֵאמֹר:

"הֲיֵשׁ ה׳ בְּקִרְבֵּנוּ[17], אִם־אָיִן?"

בְּבַקָּשָׁה:

◀ הַשְׁלִימוּ בְּעַמּוּד 79 אֶת שֵׁם הַמָּקוֹם. (פָּסוּק א')

1 סַמְּנוּ בְּצֶבַע בְּעַמּוּדִים 80–81: אֶת דִּבְרֵי הָעָם, אֶת דִּבְרֵי מֹשֶׁה, אֶת דִּבְרֵי ה'.

2 הַקִּיפוּ בְּמַעְגָּל אֶת הַמִּלָּה "מַיִם". הַמִּלָּה חוֹזֶרֶת _____ פְּעָמִים.

2א. מָה הִיא הַבְּעָיָה? _____

3 מָה עָשָׂה הָעָם? הַקִּיפוּ בְּמַלְבֵּן אֶת הַפְּעָלִים. (פְּסוּקִים ב', ג')

הַפְּעָלִים הֵם: _____

4 לְפִי מֹשֶׁה: בנ"י רָבִים עִם _____ וּמְנַסִּים אֶת _____ (פָּסוּק ב')

5 מָה עָשָׂה מֹשֶׁה? (פָּסוּק ד') _____

6 סַמְּנוּ בּוֹרֶד אֶת הַפְּעֻלּוֹת שֶׁה' מְצַוֶּה עַל מֹשֶׁה לַעֲשׂוֹת. (פְּסוּקִים ה', ו')

הַפְּעֻלּוֹת הֵן: _____

7 אֵיזֶה "פֶּלֶא" יָקְרֶה? _____

8 סַמְּנוּ בְּסֶגֹל אֶת הַשֹּׁרֶשׁ הַחוֹזֵר 4 פְּעָמִים. (פְּסוּקִים ב', ז'). הַשֹּׁרֶשׁ הוּא: ☐ ☐ ☐

בִּכְתַם אֶת הַשֹּׁרֶשׁ הַחוֹזֵר 3 פְּעָמִים. (פְּסוּקִים ב', ז'). הַשֹּׁרֶשׁ הוּא: ☐ ☐ ☐

9 מֹשֶׁה קָרָא לַמָּקוֹם: (פָּסוּק ז')

• "מַסָּה", כִּי שָׁם בנ"י _____

• "מְרִיבָה", כִּי שָׁם בנ"י _____

10 נַסְּכֵּם: צַטְטוּ אֶת הַפָּסוּק הַמַּתְאִים (אוֹ חֵלֶק מִמֶּנּוּ).

● הַבְּעָיָה: (פָּסוּק א') " _____

● הַתְּלוּנָה: (פָּסוּק ג') " _____

_____ "

● הַפִּתָּרוֹן: (פָּסוּק ו') " _____

_____ "

11 כִּתְבוּ בִּלְשׁוֹנֵנוּ מַחֲזֶה (פְּסוּקִים א'-ז'). הַתַּפְקִידִים הֵם: קַרְיָן, הָעָם, מֹשֶׁה, ה'.

כִּתְבוּ עַל יַד כָּל אֶחָד מֵהֶם בְּאֵיזֶה טוֹן הוּא יְדַבֵּר.

> ### קְרִיאָה מַעֲמִיקָה (פְּסוּקִים א'-ז')

1 מָה מֹשֶׁה מַרְגִּישׁ כְּשֶׁהוּא אוֹמֵר לַה': "מָה אֶעֱשֶׂה לָעָם הַזֶּה?". (פָּסוּק ד')

בַּחֲרוּ וְהַסְבִּירוּ.

☐ כּוֹעֵס angry	☐ מְאָיָם threatened	☐ מַרְגִּישׁ זָר, מְנֻכָּר alienated
☐ נִמְאָס לוֹ fed up	☐ מְפַחֵד	☐ מִתְסַכֵּל frustrated

☐ מַשֶּׁהוּ אַחֵר: _____

_____

_____

1א. מָה דַעְתְּכֶם עַל הַתְּגוּבָה שֶׁל מֹשֶׁה? (פָּסוּק ד') _____

_____

2 זִקְנֵי יִשְׂרָאֵל נִזְכָּרִים פַּעֲמַיִם: (פְּסוּקִים ה', ו')

בַּפַּעַם הָרִאשׁוֹנָה: "_____"

בַּפַּעַם הַשְּׁנִיָּה: "_____"

2א. לָמָּה זֶה חָשׁוּב, לְדַעְתְּכֶם? **כִּתְבוּ** לְפָחוֹת 2 סִבּוֹת.

- כִּי הֵם _____

- כִּי הֵם _____

3 לָמָּה ה' אָמַר לְמֹשֶׁה לָקַחַת אֶת הַמַּטֶּה "אֲשֶׁר הִכִּיתָ בּוֹ אֶת-הַיְאֹר", לְדַעְתְּכֶם? (פָּסוּק ה')

כִּתְבוּ לְפָחוֹת 2 סִבּוֹת.

_____

_____

_____

4 אַתֶּם מֹשֶׁה. מָה אַתֶּם חוֹשְׁבִים וּמַרְגִּישִׁים כַּאֲשֶׁר הַמַּיִם יוֹצְאִים מֵהַצּוּר?

_____

5 מֹשֶׁה פּוֹחֵד שֶׁהָעָם יַהֲרֹג אוֹתוֹ (פָּסוּק ד'). ה' אוֹמֵר לוֹ "עֲבֹר לִפְנֵי הָעָם" (פָּסוּק ה').

- לָמָּה זֶה חָשׁוּב, לְדַעְתְּכֶם?

כְּדֵי _____

כְּדֵי _____

84

מִי מְנַסֶּה? ה' אֶת הָעָם אוֹ הָעָם אֶת ה'	הַפָּסוּק
	...שָׁם שָׂם לוֹ חֹק וּמִשְׁפָּט וְשָׁם נִסָּהוּ. (פֶּרֶק ט"ו פָּסוּק כ"ה)
	...לְמַעַן אֲנַסֶּנּוּ הֲיֵלֵךְ בְּתוֹרָתִי אִם–לֹא. (פֶּרֶק ט"ז פָּסוּק ד')
	מַה–תְּנַסּוּן אֶת–ה'? (פֶּרֶק י"ז פָּסוּק ב')
	...וְעַל נַסֹּתָם אֶת–ה' לֵאמֹר: "הֲיֵשׁ ה' בְּקִרְבֵּנוּ, אִם–אָיִן?" (פֶּרֶק י"ז פָּסוּק ז')

6א. ה' מְנַסֶּה אֶת הָעָם. מָה ה' רוֹצֶה לָדַעַת?

_____

6ב. הָעָם מְנַסֶּה אֶת ה'. מָה הָעָם רוֹצֶה לָדַעַת?

_____

6ג. אֵיךְ הָעָם יֵדַע "הֲיֵשׁ ה' בְּקִרְבֵּנוּ, אִם–אָיִן"? (פָּסוּק ז')

אִם ה' _____

אִם ה' לֹא _____ .

7 בנ"י רָאוּ עַכְשָׁו עוֹד "נֵס": ה' הוֹצִיא מַיִם מֵהַצּוּר.

הַאִם הֵם יַאֲמִינוּ בָּהּ מֵעַכְשָׁו וָהָלְאָה, לְדַעְתְּכֶם? כֵּן ☐   לֹא ☐

כִּי _____

_____

מִלְחֶמֶת עֲמָלֵק

פֶּרֶק י"ז פְּסוּקִים ח'–י"ג

ח'   וַיָּבֹא עֲמָלֵק,

וַיִּלָּחֶם[1] עִם־יִשְׂרָאֵל בִּרְפִידִם.

ט'   וַיֹּאמֶר מֹשֶׁה אֶל־יְהוֹשֻׁעַ:

"בְּחַר־לָנוּ אֲנָשִׁים וְצֵא הִלָּחֵם[2] בַּעֲמָלֵק,

מָחָר אָנֹכִי נִצָּב[3] עַל־רֹאשׁ הַגִּבְעָה[4]

וּמַטֵּה הָאֱ-לֹהִים בְּיָדִי."

[1] וַיִּלָּחֶם (ל-ח-מ): עָשָׂה מִלְחָמָה
[2] הִלָּחֵם (ל-ח-מ): תִּלָּחֵם
[3] נִצָּב: עוֹמֵד
[4] הַגִּבְעָה: hill

יֹ וַיַּעַשׂ יְהוֹשֻׁעַ

כַּאֲשֶׁר אָמַר־לוֹ מֹשֶׁה לְהִלָּחֵם בַּעֲמָלֵק,

וּמֹשֶׁה אַהֲרֹן וְחוּר עָלוּ רֹאשׁ הַגִּבְעָה.

י"א וְהָיָה כַּאֲשֶׁר יָרִים[5] מֹשֶׁה יָדוֹ

וְגָבַר[6] יִשְׂרָאֵל,

וְכַאֲשֶׁר יָנִיחַ יָדוֹ[7]

וְגָבַר עֲמָלֵק.

י"ב וִידֵי מֹשֶׁה כְּבֵדִים

וַיִּקְחוּ־אֶבֶן וַיָּשִׂימוּ תַחְתָּיו[8] וַיֵּשֶׁב עָלֶיהָ,

וְאַהֲרֹן וְחוּר תָּמְכוּ[9] בְיָדָיו

מִזֶּה אֶחָד וּמִזֶּה אֶחָד[10]

וַיְהִי יָדָיו אֱמוּנָה[11] עַד־בֹּא הַשָּׁמֶשׁ[12].

י"ג וַיַּחֲלֹשׁ[13] יְהוֹשֻׁעַ אֶת־עֲמָלֵק וְאֶת־עַמּוֹ לְפִי־חָרֶב[14].

[5] **יָרִים** (ר-ו-מ): would raise

[6] **וְגָבַר** (ג-ב-ר): יִתְגַּבֵּר, יְנַצֵּחַ, would win

[7] **יָנִיחַ יָדוֹ** (נ-ו-ח): יוֹרִיד אֶת הַיָּדַיִם

[8] **תַּחְתָּיו**: מִתַּחַת (לְמֹשֶׁה)

[9] **תָּמְכוּ** (ת-מ-כ): הֶחֱזִיקוּ

[10] **מִזֶּה אֶחָד וּמִזֶּה אֶחָד**: זֶה מִצַּד אֶחָד וְזֶה מִצַּד אַחֵר

[11] **וַיְהִי יָדָיו אֱמוּנָה** (א-מ-נ): הַיָּדַיִם נִשְׁאֲרוּ בַּמָּקוֹם (לְמַעְלָה)

[12] **עַד־בֹּא הַשָּׁמֶשׁ**: עַד שֶׁהַשָּׁמֶשׁ שָׁקְעָה, until sunset

[13] **וַיַּחֲלֹשׁ** (ח-ל-שׁ): עָשָׂה שֶׁיִּהְיוּ חַלָּשִׁים

[14] **לְפִי־חָרֶב**: בַּחֶרֶב

בְּבַקָשָׁה:

► מָה קָרָה קֹדֶם, בִּרְפִידִים? _____

1 **הַקִּיפוּ** בְּמַלְבֵּן בְּעַמּוּד 87 אֶת הַמִּלִים מֵהַשֹּׁרֶשׁ **ל-ח-מ**.

2 מִי נִלְחַם בְּמִי? _____

3 **סַמְּנוּ** בִּצְבָעִים אֶת שְׁמוֹת הָאֲנָשִׁים: מֹשֶׁה, יְהוֹשֻׁעַ, אַהֲרֹן, חוּר.

4 אֵיפֹה יַעֲמֹד מֹשֶׁה? מָה הוּא יַחֲזִיק בְּיָדוֹ? (פָּסוּק ט')

יַעֲמֹד עַל _____   יַחֲזִיק אֶת _____

5 מַהוּ הַתַּפְקִיד שֶׁל יְהוֹשֻׁעַ? (פָּסוּק ט')

_____

6 **סַמְּנוּ** מַעְגָּל סְבִיב הַמִּלִים שֶׁיֵּשׁ בָּהֶן "יָד". (פְּסוּקִים י"א–י"ב)

6א. מָה יִקְרֶה?

• כַּאֲשֶׁר מֹשֶׁה **יָרִים** אֶת יָדוֹ _____

• כַּאֲשֶׁר מֹשֶׁה **יוֹרִיד** אֶת יָדוֹ _____

7 מָה קָרָה לַיָּדַיִם שֶׁל מֹשֶׁה? (פָּסוּק י"ב) _____

7א. מָה עָשׂוּ אַהֲרֹן וְחוּר?

_____

כְּדֵי _____

8 צַיְּרוּ אֶת מֹשֶׁה יוֹשֵׁב עַל הַגִּבְעָה, וְאַהֲרֹן וְחוּר מַחְזִיקִים אֶת יָדָיו.

9 מָה הָיְתָה הַתּוֹצָאָה שֶׁל הַמִּלְחָמָה? (פָּסוּק י״ג) result

• עֲמָלֵק _____

• בנ״י _____

10 הַצִּיגוּ: מֹשֶׁה, אַהֲרֹן וְחוּר עַל הַגִּבְעָה.

1 הַסִּפּוּר מַתְחִיל כָּךְ: "וַיָּבֹא עֲמָלֵק, וַיִּלָּחֶם עִם-יִשְׂרָאֵל...". (פָּסוּק ח')

מָה הַסִּפּוּר לֹא מְסַפֵּר?

_____

2 לָמָּה עֲמָלֵק נִלְחַם בְּיִשְׂרָאֵל, לְדַעְתְּכֶם?

_____

_____

3 בְּפֶרֶק י"ז פָּסוּק ה' **ה'** אָמַר לְמֹשֶׁה:

...וּמַטְּךָ אֲשֶׁר הִכִּיתָ בּוֹ אֶת-הַיְאֹר קַח בְּיָדְךָ וְהָלָכְתָּ

בְּפֶרֶק י"ז פָּסוּק ט' **מֹשֶׁה** אָמַר לִיהוֹשֻׁעַ:

...מָחָר אָנֹכִי נִצָּב עַל-רֹאשׁ הַגִּבְעָה וּמַטֵּה הָאֱ-לֹהִים בְּיָדִי

represents
● מָה הַמַּטֶּה מְיַצֵּג? _____

3א. מָה הֵבִין יְהוֹשֻׁעַ מִדִּבְרֵי מֹשֶׁה, לְדַעְתְּכֶם? (פָּסוּק ט')

_____

4 מָה הַתַּפְקִיד שֶׁל מֹשֶׁה בַּמִּלְחָמָה?

_____

_____

י"ד   וַיֹּאמֶר ה' אֶל-מֹשֶׁה:

"כְּתֹב זֹאת זִכָּרוֹן בַּסֵּפֶר

וְשִׂים בְּאָזְנֵי יְהוֹשֻׁעַ,

כִּי-מָחֹה אֶמְחֶה¹ אֶת-זֵכֶר² עֲמָלֵק

מִתַּחַת הַשָּׁמָיִם.' "

¹ **מָחֹה אֶמְחֶה:** אַשְׁמִיד   I will totally wipe out
² **זֵכֶר** (ז-כ-ר)**:** הַזִּכָּרוֹן שֶׁל   remembrance of
³ **נִסִּי:** my banner

ט"ו   וַיִּבֶן מֹשֶׁה מִזְבֵּחַ,

וַיִּקְרָא שְׁמוֹ "ה' נִסִּי³".

בְּבַקָּשָׁה:

1 סַמְּנוּ בְּצָהֹב מָה ה׳ מְצַוֶּה עַל מֹשֶׁה. (פָּסוּק י"ד)

2 מָה מֹשֶׁה צָרִיךְ לִכְתֹּב בַּסֵּפֶר וּלְהַגִּיד לִיהוֹשֻׁעַ?

_____

2א. מִי יִמְחֶה אֶת עֲמָלֵק? _____

3 בְּדִבְרֵי ה׳ יֵשׁ שְׁתֵּי מִלִּים מֵאוֹתוֹ הַשֹּׁרֶשׁ. _____ _____ מָה הֵן?

> כְּמוֹ: מָלַךְ תִּמְלֹךְ!

1 שַׁאֲלוּ שְׁאֵלוֹת עַל פָּסוּק י"ד.

? _____   ? _____

> כִּי-מָחֹה אֶמְחֶה אֶת-זֵכֶר עֲמָלֵק...

? _____   ? _____

93

2 לָמָּה אָמַר ה׳ ״מָחֹה אֶמְחֶה״ וְלֹא רַק ״אֶמְחֶה״?

_____

2א. לָמָּה צִוָּה ה׳ לִמְחוֹת אֶת ״זֵכֶר עֲמָלֵק״, לְדַעְתְּכֶם?

_____

_____

3 ה׳ אָמַר לְמֹשֶׁה שֶׁאֶת הַמִּצְוָה לִמְחוֹת אֶת עֲמָלֵק הוּא צָרִיךְ גַּם לִכְתֹּב וְגַם לוֹמַר לִיהוֹשֻׁעַ.

• לָמָּה מֹשֶׁה צָרִיךְ לִכְתֹּב אֶת הַמִּצְוָה, לְדַעְתְּכֶם?

_____

_____

_____

• לָמָּה מֹשֶׁה צָרִיךְ לוֹמַר אֶת הַמִּצְוָה לִיהוֹשֻׁעַ, לְדַעְתְּכֶם?

_____

_____

_____

3א. מָה אַתֶּם חוֹשְׁבִים עַל הַמִּצְוָה הַזֹּאת? **הַסְבִּירוּ.**

_____

_____

_____

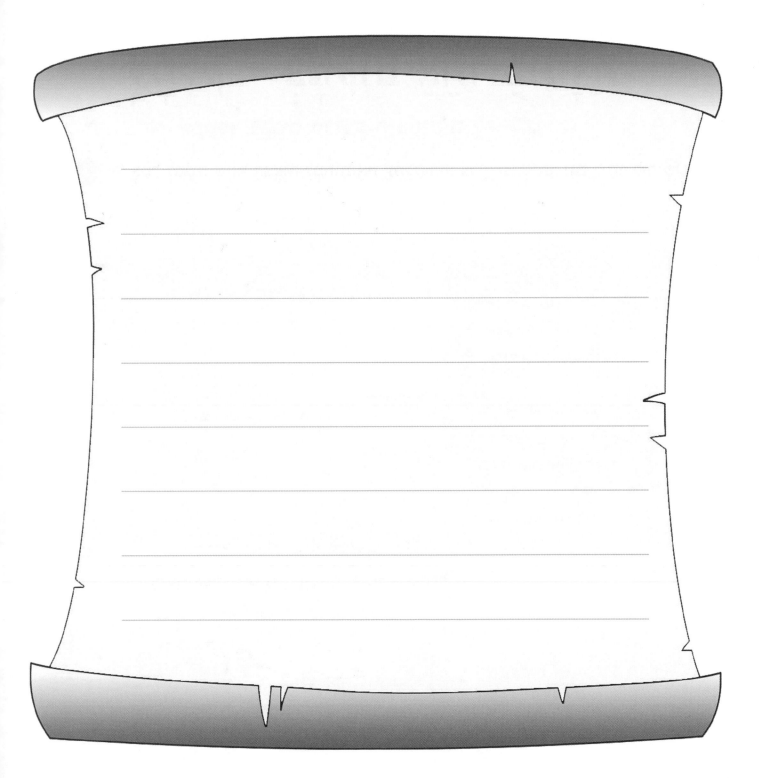

עֲמָלֵק – בְּמָקוֹם אַחֵר בַּתּוֹרָה

סֵפֶר דְּבָרִים פֶּרֶק כ"ה פְּסוּקִים י"ז–י"ט

(דִּבְרֵי ה')

1 אֲשֶׁר קָרְךָ: who came upon you	י"ז "זָכוֹר אֵת אֲשֶׁר-עָשָׂה לְךָ עֲמָלֵק,
2 וַיְזַנֵּב בְּךָ: and cut down	בַּדֶּרֶךְ בְּצֵאתְכֶם מִמִּצְרָיִם.
3 הַנֶּחֱשָׁלִים: the stragglers	
4 יָגֵעַ: עָיֵף	י"ח אֲשֶׁר קָרְךָ¹ בַּדֶּרֶךְ
5 בְּהָנִיחַ: gives you rest	וַיְזַנֵּב בְּךָ² כָּל-הַנֶּחֱשָׁלִים³ אַחֲרֶיךָ
6 אֹיְבֶיךָ: הָאוֹיְבִים שֶׁלְּךָ your enemies	וְאַתָּה עָיֵף וְיָגֵעַ⁴,
7 נַחֲלָה: an inheritance	וְלֹא יָרֵא אֱ-לֹהִים.
8 לְרִשְׁתָּהּ (י-ר-ש): לָרֶשֶׁת אוֹתָהּ	
	י"ט וְהָיָה בְּהָנִיחַ⁵ ה' אֱ-לֹהֶיךָ לְךָ מִכָּל-אֹיְבֶיךָ⁶ מִסָּבִיב
	בָּאָרֶץ אֲשֶׁר ה' אֱ-לֹהֶיךָ נֹתֵן לְךָ נַחֲלָה⁷ לְרִשְׁתָּהּ⁸
	תִּמְחֶה אֶת-זֵכֶר עֲמָלֵק מִתַּחַת הַשָּׁמָיִם,
	לֹא תִּשְׁכָּח."

1 ה' מְצַוֶּה עַל בנ"י 3 דְּבָרִים: **סַמְּנוּ** אוֹתָם.

1א. • מָה בנ"י צְרִיכִים לִזְכּוֹר? (פָּסוּק י"ז)

_____

• אֶת מָה אוֹ אֶת מִי הֵם צְרִיכִים לִמְחוֹת? (פָּסוּק י"ט)

_____

• מָה אָסוּר לבנ"י לִשְׁכֹּחַ? (פָּסוּק י"ט)

_____

2 **סַמְּנוּ** קַו מִתַּחַת לַמִּלִּים הַמַּרְאוֹת שֶׁחֵלֶק מבנ"י הָיוּ חַלָּשִׁים. (פָּסוּק י"ח)

2א. הַמִּלִּים הֵן:

_____

3 אֵיךְ אֲנַחְנוּ יוֹדְעִים שֶׁעֲמָלֵק **לֹא** הָיָה "יְרֵא אֱ-לֹהִים"?

_____

_____

_____

4 אִלּוּ עֲמָלֵק הָיָה "יְרֵא אֱ-לֹהִים", אֵיךְ הוּא הָיָה מִתְנַהֵג, לְדַעְתְּכֶם?

• _____

• _____

97

5 עַל יִרְאַת אֱ-לֹהִים לָמַדְנוּ בְּמָקוֹם אַחֵר:

עַל מִי הָיָה כָּתוּב "כִּי-יָרְאוּ... אֶת הָאֱ-לֹהִים..."? (שְׁמוֹת פֶּרֶק א' פָּסוּק כ"א)

_____

כִּי _____

compare

5א. הַשְׁווּ בֵּין מָה שֶׁעָשׂוּ **הַמְיַלְּדוֹת** לְבֵין מָה שֶׁעָשָׂה **עֲמָלֵק**.

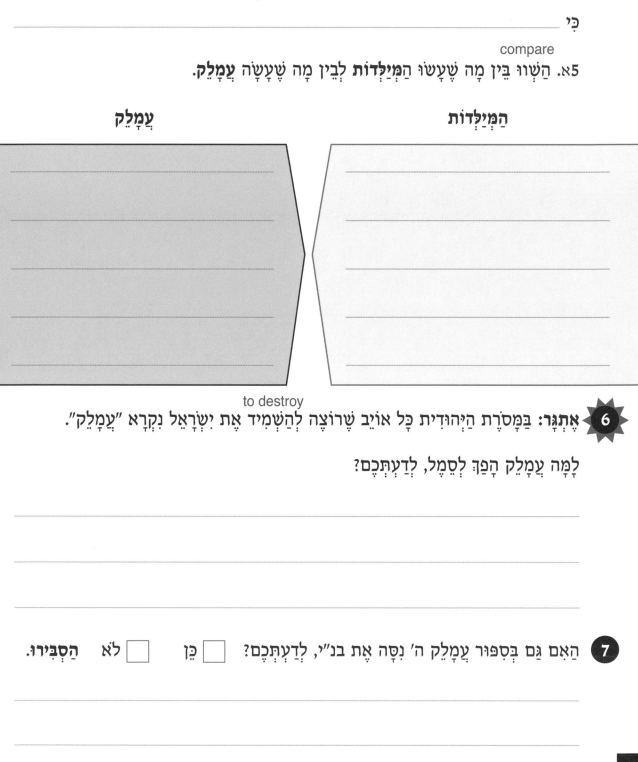

עֲמָלֵק | הַמְיַלְּדוֹת

to destroy

6 **אֶתְגָּר:** בַּמָּסֹרֶת הַיְּהוּדִית כָּל אוֹיֵב שֶׁרוֹצֶה לְהַשְׁמִיד אֶת יִשְׂרָאֵל נִקְרָא "עֲמָלֵק".

לָמָּה עֲמָלֵק הָפַךְ לְסֵמֶל, לְדַעְתְּכֶם?

_____

_____

_____

7 הַאִם גַּם בְּסִפּוּר עֲמָלֵק ה' נִסָּה אֶת בנ"י, לְדַעְתְּכֶם? ☐ כֵּן ☐ לֹא **הַסְבִּירוּ.**

_____

1 מַד הָאֱמוּנָה

- **צִבְעוּ** ⬜ ● בַּמָּקוֹם הֲכִי מַתְאִים בַּטַּבְלָה, לְדַעְתְּכֶם. (עַמּוּד 100)

> 7 = הָאֱמוּנָה שֶׁל בנ"י הֲכִי חֲזָקָה (הֲכִי גְּבוֹהָה)

> 1 = הָאֱמוּנָה שֶׁל בנ"י הֲכִי חַלָּשָׁה (הֲכִי נְמוּכָה)

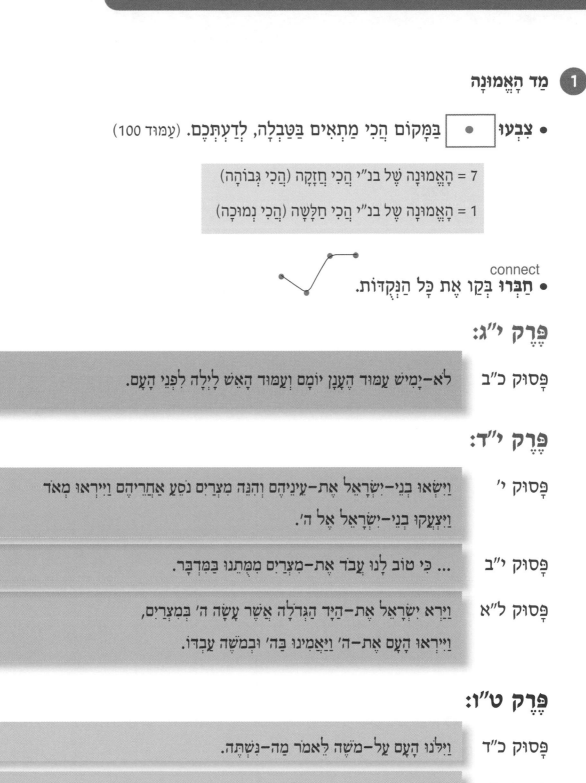

connect

- **חַבְּרוּ** בְּקַו אֶת כָּל הַנְּקֻדוֹת.

פֶּרֶק י"ג:

פָּסוּק כ"ב | לֹא-יָמִישׁ עַמּוּד הֶעָנָן יוֹמָם וְעַמּוּד הָאֵשׁ לָיְלָה לִפְנֵי הָעָם.

פֶּרֶק י"ד:

פָּסוּק י' | וַיִּשְׂאוּ בְנֵי-יִשְׂרָאֵל אֶת-עֵינֵיהֶם וְהִנֵּה מִצְרַיִם נֹסֵעַ אַחֲרֵיהֶם וַיִּירְאוּ מְאֹד וַיִּצְעֲקוּ בְנֵי-יִשְׂרָאֵל אֶל ה'.

פָּסוּק י"ב | ... כִּי טוֹב לָנוּ עֲבֹד אֶת-מִצְרַיִם מִמֻּתֵנוּ בַּמִּדְבָּר.

פָּסוּק ל"א | וַיַּרְא יִשְׂרָאֵל אֶת-הַיָּד הַגְּדֹלָה אֲשֶׁר עָשָׂה ה' בְּמִצְרַיִם, וַיִּירְאוּ הָעָם אֶת-ה' וַיַּאֲמִינוּ בַּה' וּבְמֹשֶׁה עַבְדּוֹ.

פֶּרֶק ט"ו:

פָּסוּק כ"ד | וַיִּלֹּנוּ הָעָם עַל-מֹשֶׁה לֵּאמֹר מַה-נִּשְׁתֶּה.

פָּסוּק כ"ה | וַיִּמְתְּקוּ הַמָּיִם.

פֶּרֶק ט"ז:

פָּסוּק ג'
מִי־יִתֵּן מוּתֵנוּ בְיַד־ה' בְּאֶרֶץ מִצְרַיִם
בְּשִׁבְתֵּנוּ עַל־סִיר הַבָּשָׂר בְּאָכְלֵנוּ לֶחֶם לָשֹׂבַע.

פָּסוּק י"ז
וַיַּעֲשׂוּ־כֵן בְּנֵי יִשְׂרָאֵל וַיִּלְקְטוּ הַמַּרְבֶּה וְהַמַּמְעִיט.

פֶּרֶק י"ז:

פָּסוּק ט'
בְּחַר־לָנוּ אֲנָשִׁים וְצֵא הִלָּחֵם בַּעֲמָלֵק.

פָּסוּק י"ב
וַיְהִי יָדָיו אֱמוּנָה עַד־בֹּא הַשָּׁמֶשׁ.

פָּסוּק י"ג
וַיַּחֲלֹשׁ יְהוֹשֻׁעַ אֶת־עֲמָלֵק וְאֶת־עַמּוֹ לְפִי־חָרֶב.

פֶּרֶק י"ז פס' י"ג	פֶּרֶק י"ז פס' י"ב	פֶּרֶק י"ז פס' ט'	פֶּרֶק ט"ז פס' י"ז	פֶּרֶק ט"ז פס' ג'	פֶּרֶק ט"ו פס' כ"ה	פֶּרֶק ט"ו פס' כ"ד	פֶּרֶק י"ד פס' ל"א	פֶּרֶק י"ד פס' י"ב	פֶּרֶק י"ד פס' י'	פֶּרֶק י"ג פס' כ"ב	
○	○	○	○	○	○	○	○	○	○	○	7
○	○	○	○	○	○	○	○	○	○	○	6
○	○	○	○	○	○	○	○	○	○	○	5
○	○	○	○	○	○	○	○	○	○	○	4
○	○	○	○	○	○	○	○	○	○	○	3
○	○	○	○	○	○	○	○	○	○	○	2
○	○	○	○	○	○	○	○	○	○	○	1

מָה לוֹמְדִים מִן הַטַּבְלָה עַל הָאֱמוּנָה שֶׁל בנ"י בַּה'?

weakens   strengthens

חִשְׁבוּ: מָתַי הָאֱמוּנָה עוֹלָה וּמָתַי הִיא יוֹרֶדֶת? מָה מְחַזֵּק אוֹתָהּ וּמָה מַחְלִישׁ אוֹתָהּ?
מָתַי מַאֲמִינִים וּמָתַי לֹא מַאֲמִינִים? וְעוֹד.

_____

_____

_____

אַתֶּם מִבנ"י. מָתַי הָאֱמוּנָה שֶׁלָּכֶם הָיְתָה הֲכִי חֲזָקָה וּמָתַי הֲכִי חַלָּשָׁה? הַסְבִּירוּ.

_____

_____

_____

_____

מָה לָמַדְתִּי עַל בנ"י?

_____

_____

_____

_____

2 אַתֶּם אוֹצְרִים שֶׁל תַּעֲרוּכָה שֶׁמַּצִּיגָה אֶת הַיְחָסִים הַמְסֻבָּכִים בֵּין בנ"י לַה'.

point of view

א. הַחְלִיטוּ מֵאֵיזוֹ נְקֻדּוֹת מַבָּט תַּצִּיגוּ אֶת הַתַּעֲרוּכָה:

שֶׁל מֹשֶׁה   שֶׁל אַחַד מִבנ"י   שֶׁל אֱ-לֹהִים

ב. **בַּחֲרוּ** מָה לְהַצִּיג בַּתַּעֲרוּכָה.

ג. **הָכִינוּ** אֶת הַתַּעֲרוּכָה (לְפָחוֹת 3 עֲבוֹדוֹת): תּוּכְלוּ לְצַיֵּר, לְהָבִיא תְּמוּנוֹת שֶׁל

sculpt

אֲחֵרִים, לְצַלֵּם, לְפַסֵּל לְהָכִין קוֹלָז' וְכַדּוֹמֶה.

exhibit card

ד. **כִּתְבוּ** כַּרְטִיס תְּצוּגָה לְכָל עֲבוֹדָה. בַּכַּרְטִיס יִהְיֶה כָּתוּב:

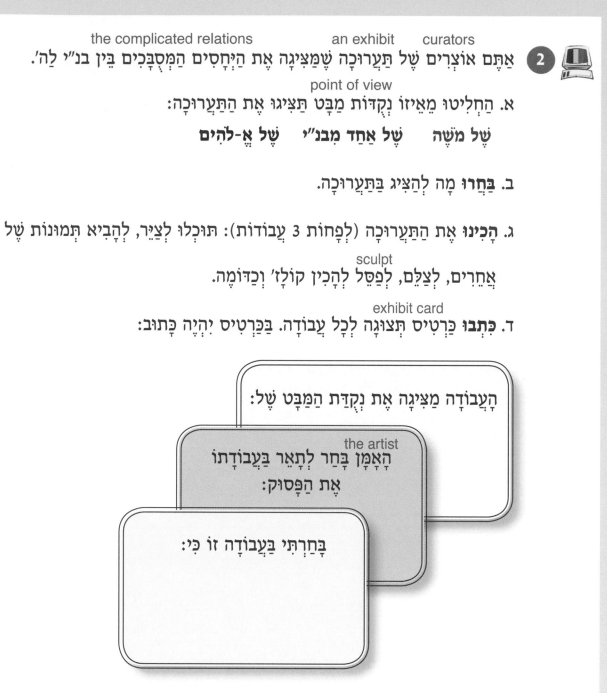

הָעֲבוֹדָה מַצִּיגָה אֶת נְקֻדַּת הַמַּבָּט שֶׁל:

the artist

הָאָמָּן בָּחַר לְתָאֵר בַּעֲבוֹדָתוֹ אֶת הַפָּסוּק:

בָּחַרְתִּי בַּעֲבוֹדָה זוֹ כִּי:

ה. **סַכְּמוּ:**

מָה לְמַדְתֶּם עַל הַיְחָסִים בֵּין בנ"י לְבֵין ה'?

_____

_____

_____

relationship
אֶפְשָׁר לְהַשְׁווֹת אֶת הַיְחָסִים בֵּין ה' לִבנ"י:

☐ לַיְחָסִים בֵּין הוֹרִים לְבֵין בְּנָם הַצָּעִיר.

player   coach
☐ לַיְחָסִים בֵּין מְאַמֵּן כַּדּוּרֶגֶל לְבֵין שַׂחְקָנוֹ.

military commander
☐ לַיְחָסִים בֵּין מְפַקֵּד בַּצָּבָא לְחַיָּל.

☐ לַיְחָסִים בֵּין מוֹרֶה לְתַלְמִיד.

☐ אַחֵר: _____

• **בַּחֲרוּ**, וְהַסְבִּירוּ לָמָה בְּחַרְתֶּם.

_____

_____

• **כִּתְבוּ** מָה דּוֹמֶה וּמָה שׁוֹנֶה.

_____

_____

_____

• **כִּתְבוּ** אֶת הַפָּסוּק הֲכִי מַתְאִים לְמָה שֶׁבְּחַרְתֶּם, וְהַסְבִּירוּ לָמָה.

_____

_____

_____

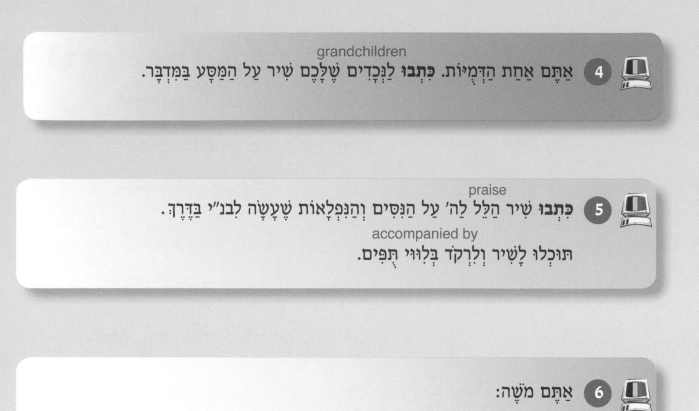

4 אַתֶּם אַחַת הַדְּמֻיּוֹת. **כִּתְבוּ** לַנְּכָדִים שֶׁלָּכֶם שִׁיר עַל הַמַּסָּע בַּמִּדְבָּר.

grandchildren

praise

5 **כִּתְבוּ** שִׁיר הַלֵּל לַה' עַל הַנִּסִּים וְהַנִּפְלָאוֹת שֶׁעָשָׂה לבנ"י בַּדֶּרֶךְ.

accompanied by

תּוּכְלוּ לָשִׁיר וְלִרְקֹד בְּלִוּוּי תֻּפִּים.

6 אַתֶּם מֹשֶׁה:

שַׁאֲלוּ 3 שְׁאֵלוֹת אֶת ה'. לְכָל שְׁאֵלָה תְּנוּ דֻּגְמָה מֵהַפָּרָשָׁה.

כִּתְבוּ אֶת הַתְּשׁוּבָה שֶׁלָּכֶם לְכָל שְׁאֵלָה שֶׁל מֹשֶׁה.

7 **בַּחֲרוּ** מִתּוֹךְ הַפָּרָשָׁה כֻּלָּהּ אֶת הַצִּטּוּט הֶחָשׁוּב בְּיוֹתֵר, לְדַעְתְּכֶם.

• מִדִּבְרֵי מֹשֶׁה וּמִמַּעֲשָׂיו.

• מִדִּבְרֵי ה' וּמִמַּעֲשָׂיו.

• מִדִּבְרֵי הָעָם וּמִמַּעֲשָׂיו.

כִּתְבוּ וְהַסְבִּירוּ לָמָּה בְּחַרְתֶּם כָּל אֶחָד מֵהֶם.